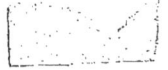

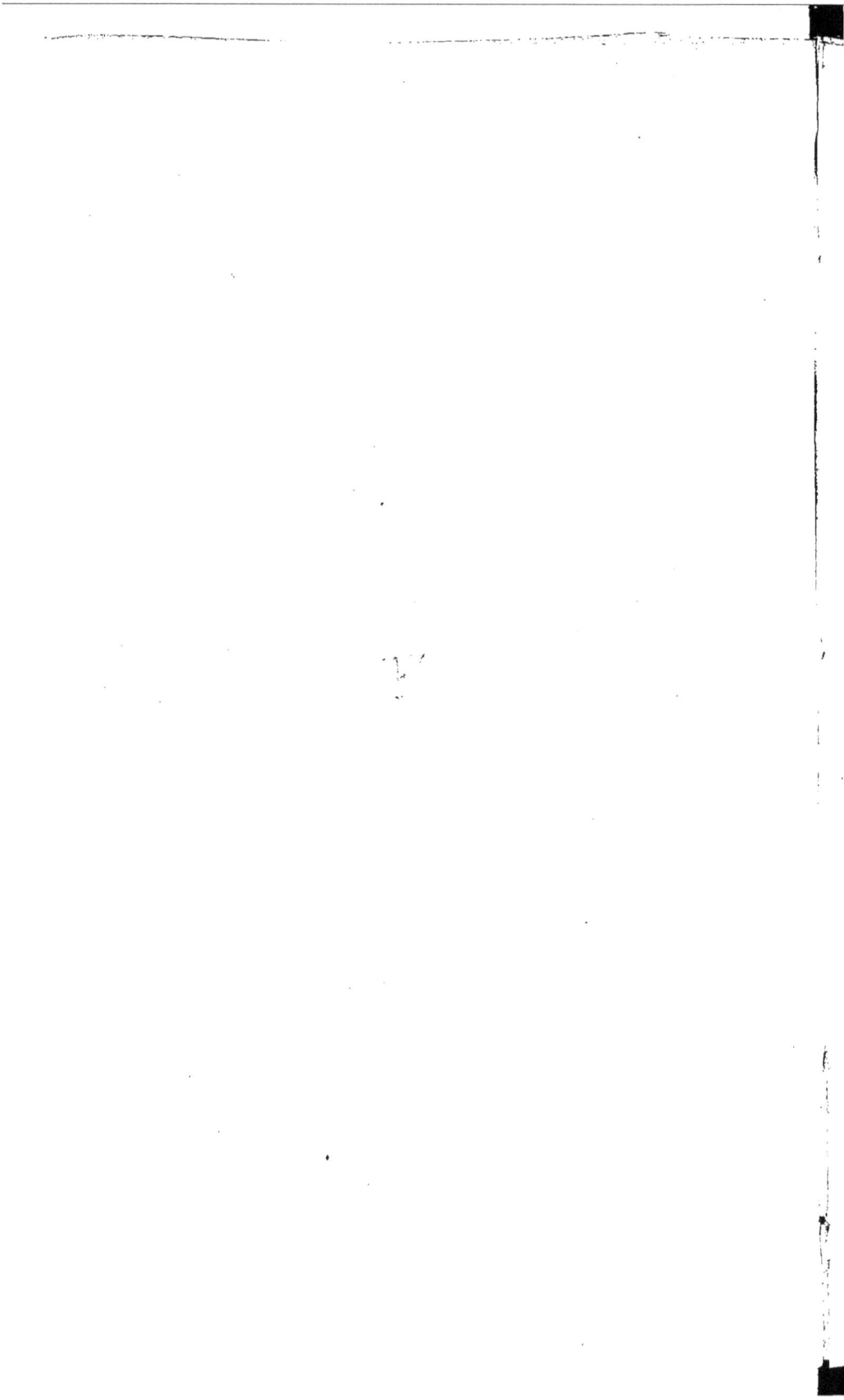

DOCTRINES ECONOMIQUES

DE LA

BANQUE DE MOBILISATION

ET DE GARANTIE

DES CRÉANCES HYPOTHÉCAIRES,

et Effets probables de cette Banque,

PAR F. GIORDAN,

FONDATEUR.

PARIS.

IMPRIMERIE DE LB. THOMASSIN ET COMPAGNIE,

RUE SAINT SAUVEUR, 30.

—

1838.

DOCTRINES ÉCONOMIQUES

DE LA

BANQUE DE MOBILISATION.

AVANT-PROPOS.

Je publie un exposé succinct des doctrines qui m'ont guidé dans la fondation de la Banque de mobilisation et de garantie des créances hypothécaires, non dans le désir de faire parade de science, mais par le besoin de justifier la longue persistance que j'ai mise à fonder cet établissement, dont les premiers essais datent de 1827.

Long-temps avant cette époque j'avais remarqué 1° que l'insuffisance du capital laissait sans emploi une partie des forces les plus viriles de la société, et la plongeait dans une atonie et dans un marasme vraiment désolant.

2° Que le crédit, mal compris et plus mal exercé, portait les capitaux disponibles sur des points où ils sont tout à fait nuisibles, puisqu'ils y provoquent un jeu immoral dont sont souvent victimes les joueurs les plus effrenés; ce qui joint le supplice au scandale et place le dénûment à côté de la profusion.

3° Que des crises financières, amenées par des causes nombreuses agissant quelquefois séparément et quelquefois ensemble, précipitaient les crédits du faîte de la prospérité dans un abîme de misère, sans qu'il fût possible de les éviter ni de réparer leurs maux autrement que par l'action lente des temps.

4° Que l'industrie faisait de vains efforts pour se procurer les leviers nécessaires à son action, et s'établissait rivale d'elle-même en se faisant concurrence, et se suicidait enfin à force de sacrifices.

5° Que les banques, créées d'abord pour venir au secours de l'industrie, s'étaient peu à peu imprégnées d'une pusillanimité qui les rendait impropres à remplir leur noble mission, et les transformait en instruments de succion, d'instruments de vie qu'elles auraient dû être.

6° Que la prévoyance, cet ange tutélaire des individus comme des états, se consumait en efforts impuissants pour donner de la stabilité à ses établissements philanthropiques, et qu'elle se retirait épuisée d'un atelier où elle ne trouvait que des ennemis.

7° Que la société tout entière, fatiguée d'un malaise indéfinissable, se ruait contre elle-même, et s'en prenait à des classes entières qu'elle égorgeait sans pitié, comme si la destruction pouvait jamais produire un bien.

8° Qu'un fractionnement général s'opérait comme pour réduire à un même dénominateur les divers éléments du corps social, afin de pouvoir les réunir avec plus de facilité sous un même numérateur.

C'est en vue de ces remarques que je me proposai un problème que douze années d'études et de méditations ont à peine résolu. Il s'agissait pour moi d'accroître le capital circulant de mon pays par la création d'un signe qui ne fût propre qu'à lui, qui ne coûtât que peu, qui produisît intérêt, qui fût doté d'une garantie à toute épreuve. Le signe, me disais-je, si je le trouve, atténuera d'une manière remarquable l'action des causes perturbatrices des finances, donnera un étalon au crédit qu'il fondera, un levier à l'industrie qu'il animera, une ancre à la prévoyance qu'il stabilisera, et une issue heureuse aux angoisses de la société qu'il calmera.

C'est avec ces objets en vue que je me mis à l'œuvre, secondé que je fus par des circonstances favorables que Dieu semblait faire naître exprès. Je n'entretiendrai point le public des diverses phases que parcourut la tâche que je m'étais imposée. Je lui dirai seulement que les événements qui, leur aiguillon dans les flancs du monde, le forçaient à marcher malgré lui vers un but inconnu, me forçaient, moi, fraction imperceptible de ce grand tout, à hâter un travail que je supposais, tant étaient grandes mes illusions, devoir lui offrir un moyen de salut. La terre craque, m'écriais-je, les continents se séparent les uns des autres; les relations de parenté, de commerce et de bonne amitié, se brisent; les provinces d'un même empire s'érigent en empire; les principes politiques se transforment; les monarchies disparaissent; des républiques se forment, les cultes se modifient, et Dieu lui-même, ô blasphême! devient un sujet de critique. Au milieu de cette agitation universelle et du délire qu'elle cause, toutes les poitrines battent de crainte ou d'espérance, tous les cœurs s'enflamment de haine ou d'amour, tous les esprits travaillent à détruire ou à créer. Trois fantômes incommensurables apparaissent : l'un, le Présent, demandant des garanties au Passé; l'autre, l'Avenir offrant le bonheur à tous et proclamant l'arrivée d'un prochain âge d'or sur des cadavres palpitants encore sur un vaste amas de débris. Cette image terrifiante et consolatrice à la fois, placée haut dans mes pensées, les dominait toutes et me criait incessamment : « Hâte-toi.» Et moi je me hâtai. Et quelque effort que je fisse, je n'allais pas plus vite. Et je me désespérais. Cependant j'arrive. Puissé-je ne pas arriver trop tôt!

DU CAPITAL.

On entend par capital une quantité quelconque de travail, concrétée sous forme matérielle. Ainsi un immeuble rural ou urbain, et un meuble monétaire ou manufacturé, sont également un capital. Mais de tous les capitaux, celui qui tient la première ligne, c'est l'homme, puisque c'est de lui que tous les autres tirent leur valeur. Le premier capital à examiner est donc le capital humain. Si cet examen est bien fait, nous verrons se dérouler d'une manière à la fois simple et lumineuse les causes vainement recherchées jusqu'à ce jour de tous les phénomènes sociaux.

Le capital humain, pris en masse, est d'autant plus grand, que l'humanité est plus nombreuse et plus éclairée ; chaque homme, fraction de ce capital immense, a une valeur d'autant plus considérable, qu'il appartient à un corps plus nombreux et qu'il est plus instruit. On comprendra facilement l'exactitude de cette proposition en se transportant par la pensée sur une de ces terres de l'Amérique, où l'homme clair-semé n'a absolument aucune instruction. Que vaut un habitant des Pampas Buenos-ayriennes ? que peut-il ? Il vaut ce qu'il représente depuis sa gestation jusqu'à l'époque où il est parvenu, et ce qu'il peut est en raison directe de ce qu'il vaut ; c'est-à-dire à peu près rien.

Que vaut, au contraire, un habitant industrieux de la ville de Londres, et que peut cet habitant ? Sa valeur se compose également de tout ce qu'il a coûté depuis le jour où il a été conçu jusqu'à l'époque où il est parvenu. En le supposant âgé de vingt ans, ou de sept mille trois cents jours, il représentera une somme de sept mille trois cents francs, s'il n'a coûté qu'un franc par vingt-quatre heures. Or tout capital est susceptible de produire un intérêt, et il doit nécessairement le produire, sous peine de constituer son détenteur en perte. Donc un homme, représentant un capital de sept mille trois cents francs, doit produire trois cent soixante-cinq francs de rente, sous peine de ne pas pouvoir exister : car de ce qu'il lui a fallu vingt sous par jour pour arriver à l'âge de vingt années, vingt sous par jour lui seront nécessaires pour atteindre un âge plus élevé. Nous avons donc eu raison de dire que la valeur de l'homme était en raison de la force numérique du corps auquel il appartenait, et de l'instruction qu'il avait acquise, parce que les aliments dont il s'est nourri et ses talents n'ont pu être conduits au marché qu'à un prix déterminé par la concurrence des demandeurs ; et ce prix a été d'autant plus grand, que les demandeurs ont été plus nombreux : ce qui prouve encore d'une manière irrécusable que les objets n'ont de valeur que par rapport à l'homme, et que cette valeur est tout à fait relative à celle qu'il a.

Quant à la puissance de cet habitant de Londres, qui pourrait l'évaluer ? Qui pourrait dire ce qu'ont pu les grands hommes qui ont tour à tour éclairé, régi ou illustré la Grande-Bretagne ? La puissance que ces hommes ont exercée ne peut se calculer mathématiquement que par les effets qu'elle a produits : elle est donc pour chacun d'eux, non pas en raison simple de sa valeur intrinsèque, mais en raison composée de la valeur intrinsèque de tous ceux qu'elle a mis en mouvement ; c'est-à-dire que la puissance qu'un grand homme exerce sur les masses est infinie. Nous n'en donnerons pas d'exemples ; chacun fournira aisément les siens.

La première conséquence de tout cela, c'est qu'une nation est en voie de prospérité toutes les fois que la masse de ses membres produit plus qu'elle ne consomme. Une nation est stationnaire quand en masse elle consomme tout ce qu'elle produit. Elle est rétrograde lorsqu'elle ne produit pas assez pour subvenir à ses besoins. Jusqu'ici aucune nation n'a atteint le maximum de bien-être auquel elle peut raisonnablement aspirer : beaucoup au contraire nous ont donné l'exemple de l'état de dégradation auquel peuvent faire descendre la paresse et l'ignorance de ses citoyens.

Le secret du bien-être ou du mal-être politique, de la prospérité ou de la décadence des empires, est donc tout entier dans le travail des masses. Que chacun produise, et la nation deviendra la première du monde. Que chaque citoyen épargne une obole par jour, et ses trésors n'auront point de limite. C'est aux gouvernements à voir quelle est la voie qu'ils veulent ouvrir aux peuples qu'ils conduisent : le flambeau est dans leurs mains.

De même que l'homme, toutes les branches du capital humain, mobilier ou immobilier, sont susceptibles de produire un intérêt relatif à leur valeur même, et à l'emploi qu'on peut en faire. Si cet emploi est intelligent, le produit sera considérable; il sera nul ou négatif si l'emploi est ignorant. La première condition de la prospérité des capitaux dépend du degré d'intelligence que possèdent ceux qui les mettent en œuvre. S'il était possible que chaque homme sût tout, il ferait toujours le meilleur emploi des capitaux mis à sa disposition, et des bénéfices réels couronneraient toutes ses entreprises. Les faillites n'ont de cause positive, absolue, que l'ignorance.

Toutefois les capitaux n'existent pas toujours en quantité suffisante pour alimenter le travail que l'homme peut faire. Chez les individus comme chez les nations, il y a une époque de commencement où tout est dénûment et misère. Dans cet état, on ne produit que peu et on économise encore moins. Cependant si on économise, on est déjà en progrès, car l'économie du jour, servant au travail du lendemain, permet une économie nouvelle qui n'a plus de bornes que l'infini. Le grand art, dans des circonstances semblables, c'est de mettre à la portée du travail tout le travail cumulé préexistant. Si aucune parcelle n'en est perdue, le produit de toutes les époques sera toujours complet. Si, au contraire, une partie du travail cumulé est laissée sans emploi, l'époque donnée sera constituée en perte. Et dans quel temps a-t-on jamais fait usage de tout le travail cumulé existant? quelle génération a-t-elle jamais mis en œuvre toutes les forces qu'elle possédait et celles qui étaient à sa disposition? Le genre humain a traversé de longues années de barbarie, d'anthropophagie et de servage, qui auraient pu être abrégées dans des proportions inconnues, si le travail et l'intelligence réunis avaient toujours présidé à ses destinées; mais le genre humain, assujetti à la nécessité de pourvoir à ses besoins, n'a long-temps employé ses forces qu'à s'entre-détruire. Dans ces temps de désastreuse mémoire, l'ignorance, revêtue du pouvoir divin, avait posé l'extermination en dogme, la servitude en culte et la pauvreté en vertu. Qu'on s'étonne après cela de la prostration universelle, des haines divisantes, des préjugés anti-sociaux et de la misère commune. Si le genre humain avait produit la millionième partie annuelle de ce qu'il a annuellement détruit, la terre serait un paradis, et chaque homme un dieu.

Au point de l'existence où nous sommes parvenus, ce

qui reste de prémices à résoudre consiste à déterminer avec précision la masse du capital existant et l'emploi éclairé que l'on peut en faire. Pour déterminer la masse du capital, il suffit de compter. La France a un sol dont la valeur peut être estimée à un franc près. La valeur de toutes ses propriétés urbaines est connue également, à un franc près. Son numéraire est encore connu à un franc près. Tous ses produits manufacturés, toutes ses matières brutes le sont aussi; l'emploi seul reste inconnu. Certes nous n'avons pas la prétention de nous poser en phare intellectuel et de projeter, du sommet des airs, nos lumières sur les populations industrieuses : notre seule prétention est de mettre à leur portée une portion du travail cumulé existant, et de leur fournir les moyens d'accroître leur production journalière. Nous serons satisfaits si nous atteignons une partie de notre but.

La portion du capital général que nous nous proposons de mettre à la portée de l'industrie, c'est le sol, actuellement esclave et immobile. Nous voulons lui donner la liberté en le mobilisant, et, par la liberté, nous voulons le dégrever des charges qui pèsent sur lui, le faire entrer en communion d'intérêts et en participation avec tous les bénéfices. Jusqu'à présent le sol se saignait pour alimenter ses enfants, mais aucun d'eux ne lui rendait une parcelle du sang qu'il en recevait. Nous voulons, nous, que les fils du sol apportent un tribut de reconnaissance au père qui les nourrit. Il faut qu'ils l'embellissent, qu'ils le rajeunissent et le fassent fructifier, afin qu'il devienne un asile digne d'eux. N'est-il pas désolant de voir, en 1858 de l'ère de Notre Seigneur Jésus-Christ, la terre aux trois quarts déserte et les hommes aux trois quart nus?

Ces réflexions qui nous échappent malgré nous à la vue de ce qui est, et en vue de ce qui devrait être, nous ont

suggéré l'établissement que nous fondons. Il est le commencement d'une suite d'établissements nouveaux qui
naîtront au fur et à mesure que des circonstances favorables se présenteront, et dont aucune intelligence humaine
ne peut indiquer ni le nombre ni la nature. Ceux qu'il
nous est donné de voir à notre horizon actuel sont les établissements philanthropiques ayant pour but l'avenir des
hommes. Ces institutions ne peuvent exister qu'à l'ombre
des garanties les plus solides, et ne peuvent reposer que
sur le sol. Leurs capitaux, appelés par nous, iront vivifier
l'agriculture qui partagera ses bénéfices avec eux. Les
caisses d'épargne déverseront encore sur cette nourrice
commune les fonds qu'on leur confiera, et nous leur donnerons des titres circulants qui les feront participer à ses
avantages. Les tontines, enfin, qui embrassent toute la vie
de l'homme, pourront lui livrer et leurs épargnes et leurs
héritages communs, à la condition d'en recevoir la rente
et les profits. Plus tard, les industries nouvelles lui feront
de nouveaux appels, et elle leur répondra. En attendant,
les titres circulants, représentant chacun une fraction du
sol, porteront à la population tout entière les intérêts
dont ils seront productifs, et la feront participer à la
prospérité commune que leur confiance provoquera. Le
commerce, qui n'est lui-même que la société tout entière,
puisqu'il représente l'échange de toutes ses productions,
doté d'une monnaie indigène, pourra profiter de son numéraire pour primer sur les marchés étrangers le commerce des nations rivales. Le moyen le plus sûr qu'il ait
de maîtriser les bénéfices, c'est de payer toujours et partout comptant. Enfin, ce commerce, au moyen duquel se
distribue les richesses nationales, distribuera aussi nos
richesses intellectuelles, et nous harmonisera avec le genre
humain.

DU CRÉDIT.

Le crédit est l'acte par lequel on confie à autrui, sur la confiance qu'il inspire, une valeur quelconque dont il peut user. Dans l'origine, le crédit que l'on accordait était toujours gratuit, et l'objet que l'on rendait ne rapportait qu'un remerciement. Encore de nos jours, lorsqu'on fait crédit ou que l'on confie l'usage d'un objet quelconque, si l'on rend cet objet, on n'est point tenu à d'autre rétribution ; si on l'anéantit, au contraire, on le paie et on ne doit plus rien. Le mot crédit a changé de signification, et on ne l'accorde plus que moyennant salaire ; c'est-à-dire qu'aujourd'hui on loue le crédit comme une chose matérielle, et l'on vous fait payer le service qu'il vous rend.

Le crédit a eu dans tous les temps pour but de parer à l'insuffisance des capitaux, ou pour mieux dire du capital numéraire qu'il aurait fallu posséder pour se procurer les objets dont on avait besoin. Seulement autrefois on donnait ce qu'il faut payer aujourd'hui.

Le crédit se divise en trois branches générales, désignées chacune par un nom spécial ; à savoir, le crédit public, le crédit industriel et le crédit foncier. Le crédit public est celui que les citoyens font au gouvernement : le crédit industriel est celui que les banquiers font au travail : le crédit foncier est celui que les capitalistes font à la propriété immobilière. Mais, de ce que ces trois branches ont un nom commun, il ne faut pas croire que tous les gouvernements aient un crédit uniforme, ni que tous les industriels aient un crédit égal, ni que la propriété ait un crédit pareil. Le crédit varie, au contraire, selon les personnes qui le demandent, et selon la confiance qu'elles inspirent et les garanties qu'elles offrent. La confiance, dépendant de mille circonstances morales, toujours difficiles à apprécier, fait planer sur celui qui la demande des sentiments plus ou moins défavorables, qui lui nuisent et qui accroissent les exigences de la rétribution que l'on réclame de lui. La garantie matérielle, au contraire, pouvant être calculée à un centime près, ne laisse aucune prise aux chances fâcheuses, et ne peut donner lieu à aucun soupçon. Comment se fait-il donc que jusqu'à ce jour cette garantie matérielle, qui ne peut rien faire perdre à personne, n'ait pas obtenu la même faveur que la garantie morale, qui a englouti cinquante ou soixante fois les capitaux qu'on lui a confiés? Cette question va bientôt trouver sa solution.

Le crédit public a été institué non seulement pour parer à l'insuffisance des capitaux, comme nous l'avons dit tout à l'heure, mais aussi pour attacher les citoyens à la forme du gouvernement du pays, ou, pour mieux dire, pour attacher les gouvernés aux personnes en charge du pouvoir : c'est une spéculation comme une autre. On a dit : Le pouvoir est bon à exercer, prenons l'argent des citoyens et nous les obligerons à porter notre joug, quelque pesant que nous le leur rendions, parce qu'ils préfèreront toujours le joug avec du pain, à la liberté avec la misère. Cette spéculation n'a pas toujours réussi ; car en France, depuis cinquante ans, le gouvernement a changé dix fois de forme, et le pouvoir dix fois de possesseur. On aurait beaucoup mieux fait de laisser l'argent dans les sacs des rentiers, et de donner au peuple l'impôt que l'on réclame de lui pour payer la rente dite publique. L'argent des rentiers, combiné avec celui du peuple, aurait vivifié une foule d'industries qui auraient donné par l'impôt les moyens de fournir aux besoins gouvernementaux. La classe industrieuse tout entière aurait gagné en bien-être et en stabilité ce qu'elle à perdu en commotions politiques ; le pays se serait embelli et n'aurait pas offert l'aspect d'un navire sans boussole, cherchant vainement son nord. Mais cette notion si simple de ne dépenser que le moins possible, et de favoriser le développement de toutes les productions, n'est pas, même encore aujourd'hui, à l'ordre du jour ; on pense encore qu'un des principaux devoirs des gouvernements est d'appauvrir les gouvernés, parce que, disent-ils, l'appauvrissement affaiblit, et l'affaiblissement empêche de remuer. Insensés ! l'affaiblissement des peuples amène toujours la révolte, ou, ce qui est pire encore, l'envahissement. Mais laissons-là ces considérations politiques, et revenons au crédit.

Le crédit public est une transaction par laquelle un individu, sans mission quelquefois, comme dans les états despotiques, emprunte d'un autre une somme dont un tiers, qui n'est pas consulté, est obligé de payer les intérêts. Cette opération, radicalement nulle en droit, est maintenue par la force ; aussi toutes les fois qu'une force contraire parvient à dominer, elle est regardée comme nulle et complètement non avenue. Si la transaction continue à être exécutée, ce n'est plus que par simple condescendance. De là les réductions que chaque nouveau gouvernement se croit en droit de faire à la dette contractée par ses devanciers ; de là aussi la facilité avec laquelle ces réductions sont accueillies. Le peuple y gagne en impôts qu'il cesse de payer, et se rit des angoisses des rentiers qui tombent dans la détresse. Le peuple, dans ce cas, momentanément affranchi d'une partie de sa charge, regarde comme justes les pertes que les rentiers éprouvent, et dit que ces pertes sont un châtiment mérité de l'appui qu'ils avaient prêté à l'oppression.

A côté du crédit public est l'amortissement, qui n'a jamais rien amorti. Bien loin de là, les dettes publiques se sont élevées en raison directe de la force destinée à les éteindre. Le premier emprunt public qui ait été fait en Angleterre était de 16 mille livres sterling. L'octroi de la ville de Londres, affecté à son amortissement, devait l'éteindre dans cinq ans. La dette publique de l'Angleterre s'élève aujourd'hui à plus de 28 milliards, malgré la puissance de l'amortissement et de ses intérêts composés. En France la dette publique s'élevait à 556 millions en 1816. Cette dette devait être éteinte dans l'espace de vingt ans. Voyez le prodige! dans cet espace la dette s'est élevée à plus de 5 milliards, et cependant l'amortissement n'a cessé d'opérer.

Les deux exemples que nous venons de citer font voir tout ce qu'il y a de déception dans la puissance des chiffres, ou pour mieux dire dans la puissance de la parole gouvernementale. Toutes les fois qu'elle a réclamé une charge, elle a fondé un dégrèvement qui n'a été qu'une charge lui-même, et qui a concouru d'une manière très-énergique à rendre de nouvelles charges nécessaires. C'est ce que l'expérience nous a démontré.

Dans un pays en voie d'expérimentation politique, l'amortissement accumule dans ses flancs les trésors que les partis, arrivant au pouvoir, se partagent. Sous ce point de vue, les trésors de l'amortissement sont une prime aux révolutions.

Dans un pays qui tend à refaire la haute aristocratie, les trésors de l'amortissement sont une proie que quelques grandes notabilités se partagent par des moyens plus ou moins cachés, plus ou moins odieux.

Dans un pays où la bourse est érigée en temple et l'agiotage en dieu, les trésors de l'amortissement servent toujours d'enjeu à des financiers avides qui se les disputent. C'est sous l'effort combiné de cette triple action que l'amortissement opère en sens inverse de son institution, et qu'il accroît les dettes au lieu de les amortir. Un gouvernement sage n'a point d'amortissement ou plutôt ne contracte point de dettes. Le gouvernement doit administrer les biens existants pour les faire produire, et non pas emprunter pour les épuiser.

A côté de l'amortissement, mais à une certaine distance, marchent les conversions, qui ne sont que des réductions ou des faillites partielles. Par cette opération les rentiers sont privés d'une partie de leurs moyens d'existence. Ils croyaient que la fortune publique serait pour eux une nourrice fidèle et tendre, mais hélas ! ses mamelles se sont taries dans leur bouche, et, au lieu d'un embonpoint rosé, ne leur ont donné qu'une pâle maigreur. Pauvres rentiers, rien ne vous corrige ! Depuis deux cents ans vous êtes tombés de banqueroute en banqueroute, de conversion en conversion ! De vingt mille francs de rente que vous aviez alors, il vous en reste quinze cents. Vous le dites à tout le monde ; on le dit pour vous, on vous montre au doigt comme on montre les débris d'un vaisseau naufragé sur la plage, et cependant vous prêtez toujours. Il y a dans votre fait une vérité fort affligeante : c'est que l'expérience corrige rarement l'homme.

On peut se faire une idée de la justice de toute conversion par l'exemple suivant. Un négociant, dont la fortune était fort ébréchée, emprunta à ses amis des sommes considérables, qui, par leur bon emploi, réparèrent ses pertes et rétablirent ses affaires. Arrivé à un degré de prospérité fort inattendu, il appela ses créanciers et leur dit : « Messieurs, vous m'avez prêté de l'argent qui m'a bien profité, je n'en ai plus besoin, et je vais vous le rendre; toutefois je le garderai encore quelque temps; mais, au lieu de vous payer la rente dont nous étions convenus, je ne vous en paierai plus que les quatre cinquièmes. Je sais que cela réduira d'un cinquième vos moyens d'existence. Pour quelques-uns d'entre vous, ce sera peu de chose : pour le plus grand nombre ce sera beaucoup. J'en suis fâché; mais l'intérêt de ma fortune passe avant tout. »

On comprend assez facilement le haro d'imprécations que ce discours provoqua dans l'assemblée. Notre négociant fut appelé de tous les noms, et, lorsque l'effervescence fut un peu passée, l'un des assistants, prenant la parole, lui dit : « Lorsque nous vous avons prêté notre argent avait une valeur supérieure à celle qu'il a maintenant. Si vous n'aviez voulu être que juste, vous auriez dû accroître la rente que vous nous faites au lieu de la diminuer. Ainsi, votre opération est une iniquité criante, car vous ajoutez une réduction forcée, *ex abrupto*, à la réduction lente que nous a fait éprouver le temps. » A cela le négociant répondit : « Ce que vous dites est exact, mais je suis riche! »

Cet exemple dit tout, et répond à tous les argumens des promoteurs et des soutiens de la conversion. Nous n'y ajoutons rien.

Comme le crédit public, le crédit industriel a ses fâcheuses péripéties; mais, comme il opère dans un cercle plus étroit, ses effets sont moins déchirants. Toutefois il éprouve des crises assez intenses pour causer des perturbations alarmantes. Le crédit industriel des Etats-Unis d'Amérique vient d'éprouver une crise de ce genre; il n'en est pas encore tout à fait sorti. Les causes générales

2

de ces crises, au nombre de neuf, feront le sujet d'un autre article. Pour le moment, nous nous bornerons à dire que le crédit industriel est essentiellement anarchique, et que les agents préposés à sa direction l'exploitent au lieu de le diriger. La Banque de France, placée à la tête de tous ces agents, les banquiers secondaires, placés sous elle, les agents de change, créés pour marcher à leurs côtés et les éclairer ne remplissent point leur mission honorable, et, bien loin de s'occuper des intérêts généraux qui paraîtraient leur être confiés, ils ne s'occupent que de leurs intérêts privés. Il résulte de là que chaque industriel a un crédit qui n'est qu'à lui, et que la base de ce crédit est toujours plus ou moins équivoque. En vain exige-t-on qu'un effet de commerce soit couvert de trois signatures, les chances de sinistre que chacune d'elles offre, loin de se neutraliser les unes les autres, donnent un résultat en plus. C'est évident. A a ses chances, B et C ont les leurs; or, ces chances s'ajoutent et ne se détruisent pas. Par cette opération, on peut tout au plus accroître la garantie de l'effet par la solvabilité des signataires. Cela réussit généralement dans les temps ordinaires ; mais pour peu que l'horizon se trouble et que la tempête gronde, les sinistres se manifestent, et la plage se couvre de naufragés. Alors appert un bilan liquidateur, qui, comme nous l'avons déjà dit dans notre Prospectus, donne zéro au créancier et la mort civile au débiteur.

Reste le crédit foncier, pauvre, honteux, honni, comme le sont tous les pauvres, mais cependant parfaitement honnête. Quand il emprunte, lui, il ne vous offre pas un chiffon de papier sans valeur. Pour gage de la créance qu'il veut contracter, il vous donne un gage d'une valeur souvent quintuple. Ce gage met votre capital à l'abri de toutes chances fâcheuses, et ses rentes garantissent vos rentes. Cependant vous ne lui prêtez pas, ou, si vous lui prêtez, vous lui faites des conditions dures, vous lui refusez le temps, et vous êtes étonné qu'il y manque. Si vous voulez que le crédit foncier soit exact à remplir ses engagements, ne le forcez pas à en contracter d'impossibles. Songez que l'intérêt d'une somme quelconque se compose de deux éléments très-distincts : le salaire dû au service que cette somme rend et la prime due au sinistre que le prêt fait courir ; et que, de ces deux éléments, le dernier est tout à fait nul, par rapport au crédit foncier. Lorsqu'on reçoit en nantissement un gage d'une valeur supérieure à celle que l'on prête, il n'y a point de chances à sinistres ; dès lors le crédit foncier ne doit payer que le service qu'on lui rend. C'est sur lui que doivent se graduer tous les autres crédits, quels qu'ils soient, industriels ou publics : lui seul a le droit de servir d'étalon et d'être crédit normal. La nation qui l'adoptera aura seule un crédit réellement national, et pourra se vanter d'avoir posé la première pierre du vrai système financier.

En vain dit-on que la législation est un obstacle à l'établissement du crédit foncier. Améliorez sa condition, et l'obstacle provenant de la législation disparaîtra. Prêtez-lui pour long-temps à un intérêt modique, aux moindres frais possibles ; permettez-lui de se libérer par sommes et à des époques indéterminées ; à l'échéance, prorogez sa dette s'il n'est pas en mesure de s'acquiter, et vous serez étonné de la ponctualité avec laquelle il tiendra sa promesse. Songez aussi que la France est un royaume de plus de trente millions d'habitans, qui dépensent au moins un franc par jour l'un dans l'autre, et dites : trente millions multipliés par trois cents francs donnent neuf milliards de dépense annuelle. Or, la dépense pouvant être considérée comme la rente d'un capital, ce capital est de cent quatre-vingts milliards, si la rente est calculée à cinq pour cent. Cent quatre-vingts milliards! entendez-vous, ô prêteurs hypothécaires! Le crédit foncier possède cent quatre-vingts milliards de garantie, avec tendance à la hausse; il ne vous doit à peine que onze milliards, et vous avez peur de lui prêter! et vous craignez qu'il ne manque à ses engagements! et vous alléguez les obstacles résultant de la législation! Vos craintes et vos raisons sont également vaines. Versez vos capitaux sur le crédit foncier; l'emploi qu'il en fera accroîtra votre garantie, et, avec elle, les moyens de vous les rendre : le sol prospérera, et vous prospérerez avec lui. Vos existences, jusqu'ici ballottées au gré de touts les vents politiques, auront jeté une ancre dans un port sûr. L'État, qui vous entraînait dans ses fluctuations perpétuelles, sera mis par vous à l'abri des orages. Peut-être ne vous devra-t-il plus, mais aussi ne sera-t-il plus obligé de vous opprimer pour vous payer : tout sera profit pour vous et pour lui.

Mais, direz-vous, comment réaliser ce crédit foncier qui nous offre tant d'avantages? comment arracher à leur inertie les contrats hypothécaires existants et ceux à venir? comment faire circuler ces contrats et comment les rendre attrayants au public? qui nous les garantira? Ces questions et toutes celles qui s'y rattachent sont résolues par la Banque de mobilisation et de garanties des créances hypothécaires que nous fondons, et dont nous publions les statuts. Nous osons espérer que le public dira comme nous : le problème est résolu.

DES CRISES FINANCIÈRES.

Les finances industrielles et publiques sont sujettes à des crises qui se renouvellent plus ou moins souvent, d'une manière plus ou moins intense et énergique. Les causes de ces crises, au nombre de neuf, affectent bien aussi les finances foncières, mais dans des proportions infiniment plus petites et d'une manière infiniment moins désastreuse.

La première de ces causes est la guerre. Lorsqu'elle éclate, les finances publiques et industrielles des nations belligérantes sont également frappées de terreur et tombent d'un apogée de gloire à un périgée de détresse. Nous avons vu jusqu'à quel point les fonds publics français ont pu descendre pendant les longues guerres de la révolution. Dans le cours de cette longue époque de gloire militaire et de misère commerciale, nous avons également vu jusqu'à quel point les finances industrielles pouvaient être atteintes. Le sol pendant tout ce temps est resté inébranlable : son crédit, n'étant point né, ne pouvait éprouver d'atteinte ; mais sa force reproductive n'a point varié ; on dirait même qu'elle augmentait en raison directe de la diminution qu'éprouvaient les autres éléments de la richesse nationale. Lorsque la paix est enfin venue couronner les efforts de la France, c'est cette force reproductrice qui a tout réparé. Le crédit public lui a dû ses développemens immenses, et le crédit industriel ses immenses progrès. Lui, cependant, est resté dans un état d'abaissement vraiment déplorable, et tandis que sa vie animait tout autour de lui, lui seul dépérissait. Les bras et les capitaux qui le fomentaient cherchaient un emploi plus lucratif et l'abandonnaient. La spéculation avide ne voyait pas qu'il ne peut y avoir d'opération solide pour une industrie quelconque, qu'autant que les autres industries marchent parallèlement avec elle, et que l'agriculture inonde le camp de ses produits. Otez la subsistance à l'armée, et la dissolution s'en empare. Otez l'agriculture à la société, et la mort survient.

La seconde cause qui frappe les finances publiques et industrielles, ce sont les révolutions politiques. Celles-ci bouleversent tout, finances, existence, position et propriété. Lorsqu'un de ces terribles bouleversements arrive, le sol lui-même est déchiré et réduit en lambeaux. Nous avons vu tout cela pendant notre sanglante révolution. Les finances avaient disparu, le maximum avait détruit le commerce, le sol fut morcelé, et la hache révolutionnaire, servant de niveau, abattait toutes les têtes qui surpassaient la ligne qu'elle voulait établir. Lorsque cette longue et sanglante tourmente s'apaisa enfin, le sol, devenu le partage d'une nouvelle race d'hommes, fut appelé à reconstituer la société tout entière. Il s'acquitta merveilleusement de cette tâche. Les nouveaux Titans auxquels elle fut confiée firent des prodiges. Au bout de quelques années seulement, la nation française sortit de ses débris plus brillante et plus belle que jamais; son crédit public étonna et fit reculer les puissantes armées que l'invasion avait introduites à Paris; son crédit industriel couvrit les mers de ses vaisseaux, ouvrit quatorze canaux différents, perça des routes nouvelles et projeta sur les arts une énergie qui n'a fait que s'accroître depuis lors. Mais, hélas! dans cette circonstance comme dans celle que nous avons précédemment signalée, le crédit foncier, s'il ne resta point stationnaire, ne fit pas du moins de progrès

équivalents au progrès de ses rivaux. De là, n'en dou-
tons point, l'hésitation dans laquelle flottent et le crédit
public et le crédit industriel; de là encore, les alternatives
toujours fâcheuses de hausse et de baisse qu'ils éprouvent et qu'ils éprouveront toujours, tant qu'ils n'auront
pas pour base et pour soutien le crédit foncier. Lui seul,
pouvant offrir des valeurs sans risques à toutes les existences, peut seul les mettre à l'abri des commotions politiques et commerciales. Il fera plus lorsqu'il sera entré
en communion d'intérêts avec les autres crédits : il leur
communiquera sa stabilité particulière, les couvrira de sa
garantie, et les soustraira à la banqueroute à laquelle ils
paraissent courir. Jusque-là il sera réduit à végéter;
mais ses brillants rivaux n'en justifieront pas moins ces
deux vers célèbres :

On lit au front de ceux qu'un vain luxe environne,
Que la fortune vend ce qu'on croit qu'elle donne.

Après les révolutions, les causes des crises financières
les plus actives sont les lois. Une loi de douane mal di-
gérée peut faire avorter une foule de spéculations savam-
ment combinées, et renverser de fond en comble tout une
classe d'existences. Le mal que celles-ci éprouvent, se
communiquant de proche en proche, atteint la société
tout entière et va même effleurer le sol. Cela ne peut être
autrement : tout se tient dans le monde, un événement
quelque peu intense l'ébranle tout entier. La législation
ne saurait donc être trop circonspecte. Qu'elle dispose
pour l'avenir et qu'elle donne le temps aux existences
qu'elle compromet de prendre de nouvelles positions.
L'art du législateur consiste à améliorer l'ordre existant
sans le troubler.

Une autre cause de crise financière et qui tient de très près à celle que nous venons de signaler, c'est l'introduction des inventions nouvelles. L'établissement d'un chemin de fer, d'un bateau à vapeur, d'une presse mécanique, d'un haut fourneau et de tout autre, sont de fort belles choses qu'on ne peut trop sans doute stimuler, accélérer et fomenter; mais avant d'en permettre l'usage, il est indispensable de prendre quelques précautions. Premièrement, il faut pourvoir à l'existence des hommes que la nouvelle invention rend inutiles, il faut leur assurer du pain. Le laisser-aller dont on se vante en cette circonstance, est un laisser-aller coupable : il enfante la sédition qui trouble et la répression qui châtie; il enfante aussi la crainte qui paralyse, et l'inertie qui resserre : les crédits s'en ressentent, et des crises plus ou moins intenses surviennent. On en recherche vainement les causes, et on continue à prôner, non ce qui devrait être blâmé, mais ce qui devrait être établi avec précaution.

Si la société était bien constituée, elle ne mettrait en usage aucune invention avant que les objets produits par des moyens plus coûteux ne fussent écoulés, et ferait participer les anciens producteurs au bénéfice des produits nouveaux. Mais la société n'en est pas encore là.

L'établissement des inventions comme cause perturbatrice, se lie naturellement à la concurrence commerciale. On apprend, dans les ports européens, que les produits des manufactures de l'ancien monde sont extrêmement recherchés, et se vendent à un très-haut prix sur quelques points du nouveau continent. Aussitôt les armateurs apprêtent leurs navires, emballent les cargaisons, dressent les factures et signent les connaissements. Ce grand mouvement maritime a fait hausser le prix de tous les objets d'armement et d'équipement. Le salaire des matelots a éprouvé une hausse parallèle, et le prix des marchandises a augmenté de 25 pour cent. A leur arrivée dans les ports désignés, les marchandises se font concurrence les unes aux autres et se vendent au rabais. Le peu d'argent qu'elles produisent se fait concurrrence à lui-même et fait hausser le prix des denrées. A leur retour, ces denrées, chèrement achetées, se font encore concurrence à la vente, et produisent une perte qui, ajoutée à toutes les précédentes, ruine la maison expéditionnaire et toutes celles qui lui ont fait crédit.

La concurrence commerciale et les crises qu'elle cause sont quelquefois très-intenses, et produisent des effets très-pernicieux ; elles affectent d'une manière sensible le crédit public, et parfois aussi le crédit foncier. La société actuelle a peu de moyens de s'en garantir, parce qu'elle est fondée en système égoïste, et qu'elle n'a aucune direction commerciale commune. Le temps viendra où tous les armateurs d'une ville maritime s'associeront aux armateurs de toutes les autres villes pour ne faire de concert que le nombre d'expéditions voulues. Les chances seront moindres, les frais moins grands et le bénéfice plus certain.

On sera peut-être étonné de nous voir indiquer comme cause des crises financières, l'insuffisance et la nature du capital circulant. Cependant, pour peu qu'on y réfléchisse, on se convainc que la rareté ou l'abondance du signe monétaire, cause la hausse ou la baisse de tous les objets qui s'échangent, et qu'il est, par conséquent, une cause permanente de faillites. Il faudrait que l'on inventât un signe peu coûteux qui pût être tenu au niveau de la demande, sans la surpasser jamais, et qui eût cependant une valeur positive. Les métaux précieux sont incapables de remplir ces conditions : ils coûtent trop cher, ils sont trop convoités, on peut trop facilement les soustraire sans danger à la circulation. Le papier, si on lui donnait le sol pour garantie, et si on le faisait participer à la rente territoriale, serait un signe merveilleux : aussi est-il passé en axiôme, chez tous les économistes, qu'une nation ne peut être financièrement bien régie qu'au moyen d'un signe monétaire de papier. Ce signe, facilement transportable dans les provinces de la même nation, ne serait propre qu'à elle; par conséquent aucune autre n'aurait intérêt à l'en priver. Il serait peu coûteux, et sa destruction, par quelque cause qu'elle eût lieu, produirait peu de dommages. La portion de rente qui lui serait afférente mettrait tous ses détenteurs en communion d'intérêts ; il serait le lien d'une mutualité compacte et générale. L'industrie aspirerait la prospérité du sol comme la sienne propre; le sol soutiendrait la prospérité industrielle, qui ferait la sienne. Les progrès de cette prospérité double éleveraient la félicité commune, et le crédit public se présenterait assis sur un trône de bonheur. C'est l'image de la société à venir. Les élément de cette félicité, actuellement épars dans son sein, n'attendent que le souffle fécondateur du temps : il ne faillira pas. Cette monnaie nouvelle dont nous venons de parler, la Banque de mobilisation et de garantie des créances hypothécaires a pour but de l'émettre. Que la confiance publique l'accueille avec faveur, et les prodiges qu'elles doit enfanter ne tarderont pas à paraître.

Le jour où un grand industriel dira : Je veux que tous mes ouvriers soient mes associés, et qu'ils concourent avec moi à la distribution des bénéfices de mon industrie, entre le travail, les capitaux et le génie, de manière à rémunérer exactement les services que chacun d'eux aura rendu; ce jour-là, l'esprit fécondateur du temps aura soufflé sur la société, et son avènement à une ère plus heureuse aura eu lieu.

Ce qui se passe chez nous depuis huit ans prouve, de la manière la plus évidente, que nos dissensions civiles n'ont pas de cause plus efficace que la mauvaise distribution des bénéfices sociaux. Les agents les moins utiles font les plus gros prélèvements : ceux qui sont le plus indispensables reçoivent à peine de quoi vivre. De là, absorption improductive de capitaux et animosité des travailleurs ; de là, abondance pour quelques-uns et disette pour tous ; de là, méfiance des grands et haine des petits ; de là, enfin, le malaise de la société tout entière. Elle est placée sur un volcan de désaffection ; comment ne tremblerait-elle pas ? O vous, qui présidez aux destinées humaines ! quand donc ouvrirez-vous les yeux ? Vous vivez sous l'empire d'une religion qui proclame la fraternité des hommes ; vous avez une loi qui établit leur égalité politique et civile, et vous souffrez la révoltante inégalité du partage des salaires ! Faites donc un décret qui fonde le droit au travail, et qui rétribue le travail selon son mérite. Ce simple décret ferait tout pour l'humanité, et réparerait seul les maux que lui font vos Digestes *indigestes.* Mais avant tout, répandez l'instruction sur toutes les classes sociales ; donnez avec la liberté d'enseignement la liberté des aptitudes ; que chacun puisse, sans déroger, se livrer aux travaux qui ont le plus d'attrait pour lui. Songez que la nature crée chaque homme pour chaque chose, et que contrarier l'application des penchants naturels, c'est abâtardir les individus. Si chacun était libre de disposer de soi à sa manière, à la seule condition de ne pas nuire à autrui, vous seriez étonnés des hommes de génie que chaque génération renferme, et plus étonnés encore de l'éclat qu'ils répandraient. Nous ne ferons point passer sous vos yeux les prodiges dont ils les éblouiraient ; aucune imagination, quelque fertile qu'elle soit, ne saurait les décrire : l'imagination ne sait peindre que ce qu'elle connaît.

Pour fonder l'ère nouvelle que la société désire , il faut donc détruire à tout prix l'ignorance dont elle est encroûtée, et les préjugés qui la dirigent : l'ignorance , parce qu'elle a le regard trouble, et les préjugés, parce qu'ils voient à travers un prisme décepteur. Brisez ce prisme, et la lumière que le ciel répand sur vous, vous fera voir les objets tels qu'ils sont. Votre esprit s'illuminera, et aux clartés nouvelles qu'il aura reçues, il se convaincra que tout ce qui existe a un but spécial, et que la spécialité est le moyen unique de l'harmonie universelle. Vous concevrez que s'il existait deux êtres ayant les mêmes aptitudes, il y en aurait un qui serait sans emploi, et qu'il résulterait de là anarchie, confusion, désordre et bouleversement. Or, je ne sache pas que vous ayez encore accusé le Créateur de manquer de prévoyance; car, excepté chez les peuples que vous régissez, l'ordre est partout. Si vous voulez donc établir la prospérité des finances, si vous voulez détruire à jamais les causes qui les troublent, instruisez ! instruisez ! instruisez !

Notre tâche est finie ; le devoir que nous nous étions imposé dans cet article est rempli. Nous voulions soumettre à vos méditations les causes perturbatrices du repos des états, et par conséquent des crises financières. Nous croyons en avoir déroulé la série complètement. Vous jugerez, et vous serez indulgents, car nous sommes humains.

DE L'INDUSTRIE.

L'industrie est cette faculté qu'a l'homme de s'appliquer comme instrument à la production d'un objet quelconque. L'industrie se manifeste dès la plus tendre enfance par des signes non équivoques, qui font présager tout un avenir de vie humaine. L'observateur décèle facilement les tendances que ces signes annoncent, et prédit sûrement qu'un tel sera grand navigateur, tel autre grand astronome, et tel autre grand métaphysicien. Dans une sphère moins élevée, on peut distinguer encore les tendances moins transcendentales et annoncer, avec certitude, que tel enfant sera architecte, tel autre agriculteur, et tel autre homme de lettres. Il est peu d'hommes qui n'aient fait de ces prédictions à l'aspect d'un groupe d'enfants travailleurs. Si elles ne se sont pas toujours réalisées, c'est parce que les parents ont contrarié les inclinations naturelles de leurs enfants, et les ont forcés à se livrer à des occupations qui n'avaient aucun attrait pour eux. De là, ces talents bâtards et ces êtres inutiles dont la société actuelle fourmille : de là aussi les entraves que les progrès de toute nature éprouvent, et la pénurie vraiment fâcheuse d'hommes éminents.

L'industrie diffère, non seulement d'un individu à un autre, mais aussi de peuple à peuple. A part les aptitudes individuelles, qui, bon gré mal gré, finissent par se faire jour et s'adapter à toutes les positions, ces positions influent beaucoup sur l'industrie générale d'un peuple pris en masse : et par exemple, que ce peuple habite les bords d'un lac, d'une rivière ou de la mer, et son industrie générale se tournera vers la pêche. Les plus capables seront des pêcheurs célèbres; on citera leurs noms avec enthousiasme, et on célèbrera les dangers qu'ils auront courus dans des ballades populaires.

Si, au contraire, ce peuple habite l'intérieur des terres, loin de toute mer, son industrie générale se tournera vers la chasse, et ses plus grands génies seront les plus grands chasseurs. Ceux-ci, à leur tour, seront érigés en héros et proposés comme exemple; la tradition populaire transmettra, soigneuse, leurs noms et leurs actions à leurs arrière-neveux.

Si la contrée que ce peuple habite est couverte de pâturages, au lieu de n'offrir que d'épaisses forêts, son industrie générale se tournera vers l'éducation des bestiaux, et son histoire nous transmettra les noms de Laban, de Jacob et d'autres moins célèbres. Ici les héros seront tous pacifiques. L'éducation des bestiaux n'offre point de dangers, ou, du moins, ceux qu'elle offre ne sont point de nature à frapper l'imagination aussi vivement que ceux que courent les peuples antérieurement désignés. Aussi, les légendes des peuples pasteurs ne racontent-elles que des fiançailles plus ou moins splendides, des voyages plus ou moins éloignés, des rêves et des aventures peu variés.

Si les pâturages viennent à manquer; si les forêts disparaissent; si les mers et les lacs sont occupés; alors le peuple est forcé de demander sa subsistance à la terre, et de devenir agriculteur malgré lui. Cette circonstance impérieuse change toutes ses idées : de nomade qu'il était, il devient sédentaire; il bâtit d'abord des huttes et ensuite des palais. De pauvre et dénué, il devient propriétaire en s'emparant d'abord du sol qu'il a arrosé de ses sueurs, et en cherchant ensuite à s'emparer du sol arrosé par les sueurs d'un autre. D'ignorant, ou du moins d'indifférent qu'il avait été jusqu'alors; il devient attentif à tout ce qui l'entoure, et commence à préjuger des événements à venir. Ainsi se forme sa science, et les aptitudes de tous ses membres, plus libres dans leur essor, ont un champ plus vaste à exploiter. L'attrait qui les aiguillonne les dirige chacun vers un objet spécial; la division du travail se fonde, les arts naissent, et des prodiges toujours nouveaux transforment ce peuple laboureur en un peuple savant. Arrivé à ce point, ses progrès et son bien-être n'ont plus de limites que l'infini.

Nous venons de décrire les diverses phases humanitaires par lesquelles ont passé tous les peuples, ceux qui marchent en tête comme ceux qui les suivent de près. Il n'entre point dans notre sujet de décrire les phases nouvelles qui leur restent à parcourir. Toutefois, comme l'industrie a éclairé la route qu'ils ont suivie jusqu'à ce jour, il est présumable qu'elle ne cessera pas de leur servir de guide. Dans ce cas, il nous est permis de penser qu'un de ces nouveaux moyens d'action sera de réunir les tendances diverses en autant de faisceaux, et d'associer ces divers faisceaux entre eux, pour leur faire produire une action unique. L'industrie a remarqué que la puissance des forces est en raison composée de leur nombre. Pour obtenir le plus grand résultat possible, elle associera donc toutes les forces qu'elle pourra réunir. Mais une force ne peut opérer un travail actuel que tout autant qu'elle peut disposer d'un travail préexistant; donc, un des nouveaux efforts de l'industrie sera de mettre à la disposition du travail actuel toutes les épargnes dont elle pourra disposer. En résumé, l'association fournira la puissance, et l'épargne, le levier.

La nécessité de cette double action a été clairement aperçue par l'honorable Jacques Laffitte dès 1826. Il vou-

lait la rendre exécutoire sur-le-champ par la création
d'une société commanditaire de l'industrie nationale au
capital de cent millions. C'était une entreprise grande-
ment humanitaire. Des causes indépendantes de la volonté de cet illustre citoyen en ont empêché la réalisation.
Parmi ces causes, la principale a été sans doute l'impossibilité de former le capital. En effet, quoique cent millions soient peu de chose, comparativement aux forces
qu'il s'agit de mettre en action, ils forment cependant une
somme immense, relativement à la masse de la richesse
monétaire du pays. La France ne possède pas plus de
trois milliards en numéraire, dont elle est obligée de dis-
traire le tiers pour ses besoins gouvernementaux; les deux
autres tiers, elle les emploie à solder ses dépenses journalières. Il ne lui reste donc rien, ou presque rien, pour les
grandes améliorations dont elle a besoin. La première de
toutes les opérations qu'un homme, ami de son pays, doit
se proposer, c'est donc d'accroître le capital circulant, et,
par lui, des épargnes que doit consommer le travail à faire.
Cette opération est la tâche que s'est imposée la Banque
de mobilisation et de garantie des créances hypothécaires.
Elle doit mettre en circulation une masse de créances
égale à onze milliards, et doter le signe représentatif de
ces créances d'un intérêt fixe et permanent en faveur des
porteurs. Cette émission, la Banque la fera au fur et à
mesure des demandes qui lui seront adressées, sans se-
cousses violentes, parce qu'elle ne sera jamais intempes-
tive. Elle la fera en faveur du travail reproductif, qui
amènera l'abondance au marché, sans en rapporter la
ruine; car les intérêts dont le nouveau signe monétaire
sera doté fourniront les moyens de solder en profits les
objets que, trop souvent, l'abondance fait solder en perte.
Lorsque les onze milliards de créances actuelles auront été

absorbés et que le travail distribuera cinq cent cinquante millions de rente aux porteurs de la nouvelle monnaie, d'autres milliards lui viendront en aide, et permettront des développements qui accroîtront la richesse générale d'une manière indéfinie. Alors l'institution commanditaire de l'industrie nationale sera possible et même facile ; on pourra réunir, non cent millions, mais plusieurs milliards. Alors aussi le grand problème gouvernemental, qui consiste à donner au peuple un budget, au lieu de le lui prendre, pourra trouver une heureuse solution. Jusque là tout doit être ajourné, excepté la mobilisation du sol. A cet effet, la Banque appelle le concours de tous les citoyens honorables en général, et des prêteurs et emprunteurs hypothécaires en particulier, puisque c'est pour subvenir à leurs plus pressants besoins qu'elle se fonde. S'ils veulent prendre la peine de lire avec attention le Prospectus qu'elle a publié, leur conviction à cet égard sera parfaite. Qu'ils ne s'arrêtent pas aux objections sans valeur que pourraient leur faire des intérêts égoïstes ; qu'ils s'arrêtent encore moins à des incidents sans poids que quelques jours suffiront pour faire disparaître ; mais surtout qu'ils repoussent comme funestes toutes les questions de priorité, d'invention et toute acception de personnes. La mobilisation du sol est une nécessité de l'époque qu'il faut opérer à tout prix. Le système qui opèrera cette mobilisation avec le plus d'avantage, c'est-à-dire au mieux et au meilleur marché, sera celui dont il faudra couronner l'auteur : tout le reste est un vain accessoire dont on ne doit nullement s'occuper.

Les prêteurs et les emprunteurs hypothécaires comprendront, en effet, que c'est de leurs intérêts les plus chers et les plus vivaces qu'il s'agit, et non des intérêts de telles ou telles personnes. Que le système mobilisateur

se fonde, et les intérêts hypothécaires satisfaits auront
bientôt fait justice de certaines folles prétentions. Le système le meilleur est celui qui restera ; ceux qui seront
moins bons disparaîtront, en emportant dans l'oubli les
noms de ceux qui auront cherché à les établir. C'est donc
aux prêteurs et aux emprunteurs à juger : les pièces du
procès sont entre leurs mains.

DES BANQUES.

Les Banques sont des lieux de marché où les posses-
seurs du signe monétaire viennent l'offrir à louage à certaines conditions de temps et de salaire. Toutes les opérations que les Banques font, quelque dénomination
qu'elles leur donnent, se réduisent à prêter de l'argent,
moyennant intérêt et commission. L'escompte des effets
de commerce qu'elles opèrent journellement, les crédits
qu'elles ouvrent aux négociants solvables, les avances sur
consignation ne sont qu'un louage d'argent dont la loca-
tion et la commission se prélèvent presque toujours
d'avance. Cette circonstance, qui accroît les bénéfices des
banquiers, aggrave un peu la position de ceux qui ont
recours à eux, et rend les transactions généralement plus
difficiles. Les Banques se montreraient plus loyales et plus
généreuses si elles ajoutaient le prix de louage à l'effet à
recevoir, au lieu de l'en retrancher. Lorsque la vérité
sera introduite dans les transactions, c'est ainsi que
toutes les Banques opèreront.

La première de toutes les Banques a été établie à Venise, lorsque cette fille des eaux faisait le commerce du
monde alors connu. Ses galères triomphantes chargeaient
dans tous les ports de l'Orient les marchandises que les ca-
ravanes asiatiques y venaient échanger contre les produits
de l'Europe, et venaient les distribuer aux négociants de
toute l'Europe, qui se réunissaient aux foires de la
grande place Saint-Marc. Alors Venise dominait toute
l'Italie ; elle traitait en égale avec les plus grands rois. Il
n'était donc pas étonnant qu'elle fût devenue le marché où
tous les capitaux qui pouvaient se soustraire aux dangers
des temps vinssent se réunir.

Les opérations de la Banque de Venise sont celles qu'a faites plus tard la Banque de Gênes, la seconde que le monde commercial ait vu créer. Gênes était alors la rivale heureuse de Venise, à laquelle ses marins avaient arraché la supériorité des mers, et ses commerçants, la suprématie du négoce. Depuis cette époque, fatale pour Venise, Gênes n'a cessé de voir s'accroître sa réputation financière; et, de nos jours encore, les Génois passent pour les plus habiles financiers de l'univers.

Après la Banque de Gênes vint celle d'Amsterdam, fondée dans des circonstances et dans un but parfaitement identiques. La Hollande venait de supplanter les Portugais dans la plupart des établissements européens en Asie. Les riches produits de cette vaste contrée, réunis d'abord dans des entrepôts spéciaux, étaient transportés en Europe par les flottes commerçantes de la Hollande. C'est dans ses ports que toute l'Allemagne s'approvisionnait, et qu'elle apportait le numéraire que la Banque hollandaise déversait sur toutes les nouvelles conquêtes du statoudhérat.

La Banque d'Amsterdam a joui long-temps et jouit encore d'une réputation de savoir-faire et de sagesse qui lui ont mérité l'estime du monde commerçant. C'est elle qui a toujours réglé le cours des changes des divers marchés européens, et ses effets jouissent du meilleur crédit. Mais cette Banque, si florissante et si prospère, lorsque le pavillon hollandais flottait triomphant sur les ruines de l'empire portugais, commença à décliner, lorsque ce pavillon fut obligé de s'abaisser devant celui de la Grande-Bretagne, et que le commerce de cette dernière puissance remplaça le commerce hollandais. Chacun sait que l'Angleterre a supplanté la Hollande et dans ses possessions, et dans ses affaires; mais, ce qu'on ne sait pas aussi bien, c'est que la Banque anglaise doit son origine aux nombreux succès que l'Angleterre a remportés en ce temps-là. La fortune s'attache à la gloire : elle l'avait suivie à Venise, à Gènes, à Amsterdam ; elle ne devait pas lui faillir à Londres : aussi l'y couronne-t-elle et verse-t-elle à ses pieds les plus abondants et les plus précieux trésors. Une chose nous étonnerait dans l'étude que nous faisons, c'est que Lisbonne, dont les hardis marins ont, les premiers, doublé le cap de Bonne-Espérance, qui a reçu les premiers produits de l'Asie et posé les bases du commerce immense que l'on fait aujourd'hui avec cette partie du monde, n'ait pas succédé à Gènes dans l'art des finances, si nous ne savions qu'elle n'en eut pas le temps. Sa puissance maritime fut, en effet, de trop courte durée pour lui permettre de saisir le sceptre commercial. Sa population etait, d'ailleurs, trop peu nombreuse, ses relations trop étroites, son industrie trop nue, pour lui permettre d'aspirer au rôle brillant que l'Angleterre a ravi à la Hollande. Plus tard, il est vrai, le Portugal a aussi fondé sa Banque. Celle qui existe à Lisbonne a servi de modèle à celle de Madrid ; mais ni l'une ni l'autre n'ont jamais acquis qu'une célébrité médiocre. Celle de San Carlos surtout ne s'est jamais élevée à la hauteur de la monarchie espagnole : elle a toujours végété.

La Banque d'Angleterre a introduit un changement notable dans les habitudes financières du monde. Elle a osé remplacer les métaux précieux comme signe monétaire par ses propres billets. Cette innovation a été bien accueillie, parce que la confiance qu'elle inspirait était sans bornes. Les peuples de la Grande-Bretagne reçurent sans hésitation un papie rqu'ils pouvaient échanger à vue contre de l'or, et l'or sortit des caisses de la Banque, non pour échanger des billets qui ne se présentaient pas, mais pour aller acheter sur tous les marchés du monde les produits que le monde consommait. Ce trafic, long-temps heureux, a transformé une peuplade insulaire de pêcheurs en un peuple de négociants-rois. Cette gloire sans pareille, dont la Grande-Bretagne jouit, elle la doit à sa Banque. C'est le papier de sa Banque qui lui a fait conquérir un empire de soixante-dix millions d'habitants en Asie, et qui lui a permis de se poser en souveraine sur les divers points du globe. C'est de ces points qu'elle surveille tous les autres, et qu'elle peut parer à l'instant à tous les dangers qui pourraient la menacer. C'est encore aux billets de sa Banque que l'Angleterre a dû la glorieuse issue de la guerre épouvantable qu'elle a soutenue contre la France. Il est vrai que, pour pouvoir jeter son or séducteur dans toutes les cours de l'Europe, elle a été obligée de donner un cours forcé aux billets de sa Banque ; mais que lui importait cette mesure de rigueur, lorsque son salut y était attaché? Il fallait de l'or pour former une coalition capable de vaincre, et l'or vainquit enfin.

Dans son état actuel, la Banque de Londres, qui a repris ses paiements en numéraire, jouit d'une réputation de sécurité qu'aucun événement paraît ne devoir ébranler: le monde est en paix.

Les États-Unis d'Amérique, peuplés par les hardis enfants de la Grande-Bretagne, ne pouvaient rester en arrière d'elle dans la science financière; aussi la Banque s'établit-elle de bonne heure dans tous les états. C'est à elle que chacun d'eux doit ses rapides développements. Elle a suppléé au défaut d'espèces qui leur était commun, et a mis en valeur l'homme d'abord, et, par lui, tout ce qui l'entourait. Plus puissante qu'Apollon et Neptune, plus puissante qu'Amphion et sa lyre, elle a créé une industrie sans bornes, érigé des cités superbes, creusé

des ports à l'abri des tempêtes, établi des canaux et des
chemins de fer qui abrègent les distances, et qui font de
ce peuple, unique dans les annales du monde, un peuple
qui réalise la fable des *Titans*.

C'est par sa Banque que le peuple américain a été, pendant vingt ans, le colporteur de toutes les nations belligérantes, et que ses vaisseaux ont couvert toutes les mers.
A cette époque désastreuse pour tous, excepté pour lui,
il n'y avait pas d'anse que ses navires ne fréquentassent,
pas de produit qui ne devint un objet de bénéfice, pas de
besoin, quelque capricieux qu'il fût, qu'il ne satisfît. Qu'on
s'étonne après cela que moins de soixante-dix ans aient
suffi pour porter une population de quelques milliers d'individus pauvres, errants à l'aventure au milieu des forêts
séculaires, à plus de seize millions d'hommes riches, in-
souciants et heureux.

Cependant il est des financiers en France qui osent blâ-
mer la Banque américaine des opérations auxquelles elle
se livre, et qui lui attribuent les crises qu'elle éprouve. Ces
financiers voudraient qu'à l'instar de la Banque de France,
elle laissât enfouis dans ses caves les trésors qu'elle a cen-
tuplés par la circulation. Elle se serait mise ainsi, disent-ils,
à l'abri des tourmentes qui l'ont agitée. Mais où seraient ses
prodiges si elle eût suivi ces conseils? La Banque de France
est sage, très-sage. Comme Zénon, elle a consulté l'oracle
de Delphes, qui lui a dit que *la sagesse consiste à ressem-
bler aux morts*. Aussi, le seul signe de vie qu'elle ait donné, c'est d'ouvrir les mains pour saisir des escomptes et
recevoir des dividendes. Quant à ses trésors, au lieu de
faire éclore mille entreprises fructueuses, et d'augmen-
ter le bien-être général de la nation par le bien-être de
ses membres, ils moisissent dans les caves, pour la plus
grande satisfaction de M. le gouverneur, qui viendra em-

phatiquement dire à l'assemblée générale des actionnaires que la Banque de France, sur sept cent millions
d'opérations, n'a eu qu'un seul protêt de 270 francs!!!

Il est vrai que la Banque de France se vante d'être
très-utile au pays en général, et de rendre de grands services au commerce en particulier. « Mes billets circulants,
dit-elle, s'élèvent à plus de deux cents millions ; l'excédant
de cette somme sur celle qui est en caisse, pour leur servir de garantie, s'élève à plus de cent millions ; donc
j'accrois la circulation générale d'une somme équiva-
lente. » Belle poussée, vraiment! cent millions de circulation pour trente-trois millions d'habitants! il y a bien
lieu de s'en vanter ! Il convient bien d'exalter la garantie
inaltérable que l'on conserve, comme si cette garantie ne
pouvait exister qu'en métaux précieux! Est-ce qu'un immeuble en hausse, un canal en prospérité, un chemin de
fer lucratif, ne sont pas aussi de bonnes garanties? Les
dividendes qu'elles produisent ne valent-ils pas mieux que
la perte d'intérêt que les métaux précieux causent? C'est
le désir bien entendu d'éviter cette perte qui a constamment ranimé la Banque des États-Unis d'Amérique. Les
crises qui l'ont affligée ne sont point le résultat d'un
esprit de cupidité, mais bien d'une animosité gouvernementale. La dernière qu'elle vient d'éprouver n'aurait jamais eu lieu si ce soldat irascible, que l'engouement populaire avait porté à la présidence, n'avait retiré les fonds
publics des caisses de la Banque, et empêché que ses billets ne fussent reçus en paiement d'impôts et de droit de
douanes. C'est ce retrait et cette prohibition qui ont fait
refluer le sang au cœur et amené la crise désastreuse qui
en a été la suite. Des mesures mieux entendues, et surtout
plus bienveillantes, auraient amené un résultat fort dif-
férent.

Toutes les Banques que nous venons de citer sont spécialement consacrées au commerce, et ont fondé ce qu'on appelle le crédit industriel. Celle d'Écosse cependant et celle d'Amérique ont fait quelques efforts pour établir le crédit foncier. En France, quelques tentatives infructueuses ont aussi eu lieu dans ce but. Elles ont été infructueuses parce que le problème de ce crédit n'a pas été nettement posé. On a toujours voulu le soumettre à une condition de temps trop courte, et à une condition d'intérêt trop élevée, sans réfléchir que le sol, étant un gage sans risque, devait obtenir la liberté de se libérer à sa volonté, par fractions et aux moindres frais possible. C'est ainsi que la Banque de mobilisation et de garantie des créances hypothécaires pose le problème : elle espère le résoudre par la simplicité de son mécanisme. Les titres fonciers qu'elle émettra différeront des billets de la Banque ordinaire, en ce qu'ils feront profiter les porteurs des intérêts du contrat, payés après service rendu, et qu'ils auront pour gage non une garantie flottante et insuffisante, mais double et réelle. Elle n'accroîtra pas la circulation générale de cent millions, mais de cent milliards, s'il y a lieu, et cet accroissement, fait au fur et à mesure que le besoin s'en fera sentir, loin de troubler l'ordre général, s'associera au contraire sur des bases inébranlables, et permettra au pays de disposer de ses métaux précieux pour son commerce à l'étranger. Ce commerce, qui les appelle avec énergie, les lui rendra avec bénéfice : qu'il les lui livre donc sans hésiter.

Mais, nous dit-on, la législation hypothécaire existante en France est un obstacle que la mobilisation ne pourra surmonter. M. Casimir Périer, ajoute-t-on, était si pénétré de cette idée, qu'il proposa un prix de quatre mille francs à décerner au mémoire qui fournirait les meilleurs moyens de lever cet obstacle. M. Decourdemanche, avocat, concourut, et nous croyons que son mémoire remporta le prix. Malgré cette circonstance flatteuse pour lui, ses idées n'ont pas été accueillies par le gouvernement, et ses projets, fruit d'une perspicacité législative, n'ont pas produit le plus léger effet. Cela devait être ; car si nous nous en souvenons bien, le problème, loin d'être résolu, était au contraire compliqué par le projet de M. Decourdemanche.

M. Wolowski a été plus heureux en citant les établissements de crédit foncier qui existent en Pologne et dans le Nord de l'Allemagne. Ces établissements fonctionnent admirablement bien, et les succès qu'ils obtiennent garantissent les nôtres, puisque nous avons un système et des principes égaux aux leurs. Il n'est cependant point douteux que la législation générale qui régit l'hypothèque en France ne soit un obstacle à la fondation du crédit foncier. Mais tout obstacle quel qu'il soit, s'il ne peut être franchi de front, peut du moins être tourné. C'est ce que la Banque de mobilisation et de garantie des créances hypothécaires espère avoir fait à l'avantage du pays et de ses clients. Si les fondateurs de cette Banque avait été législateurs, ils auraient ordonné l'inscription des dettes hypothécaires non sur des registres de conservation, mais sur l'acte de propriété lui-même. L'état y aurait gagné les frais que la conservation l'oblige de faire ; les bras inutilement employés auraient cherché un emploi plus lucratif ; la vérité aurait été introduite dans les transactions hypothécaires ; la fraude, la corruption et l'usure auraient perdu un de leurs plus beaux fleurons. Les fondateurs de la Banque de mobilisation, n'étant point législateurs, sont réduits à faire des vœux que le gouvernement plus élevé et plus éclairé qu'eux exaucera.

À propos des avantages dont nous venons de parler, quelques personnes ne se rendent pas bien compte de ce qu'elles pourraient obtenir comme actionnaires. Ces personnes comprennent très bien qu'une commission de banque, qui se perçoit tous les trois mois et plus souvent ajoutée à quatre, cinq et six pour cent d'intérêt, porte les bénéfices généraux de ces établissements à huit et quelquefois à neuf pour cent par an. Or, disent ces personnes, huit pour cent sur cinq cent millions donnent quarante millions, dont le quart, égal à la masse des opérations faites pendant l'année, équivaut à dix millions à distribuer en dividende. C'est au chiffre près ce que la Banque de France fait constamment. À cela nous répondons que les bénéfices de la Banque de France très beaux qu'ils sont, cessent avec chacune de ses opérations, et qu'il faut les renouveler pour renouveler les bénéfices. Si donc il arrivait un événement qui empêchât le renouvellement d'avoir lieu, les bénéfices cesseraient. La Banque de mobilisation ne perçoit qu'un pour cent de commission annuelle; mais elle le perçoit sur la masse de ses opérations. Si elles sont faites pour quarante ans, elles produisent quarante pour cent; ce modique un pour cent s'élève à quarante. Or, qu'elle fasse seulement quatre cent millions d'affaires par an, et, au bout de quarante années, sa commission s'élèvera à cent soixante millions; car elle aura mobilisé pour une somme égale à seize milliards de propriétés. Donc tout modiques qu'ils paraissent, les bénéfices de la Banque de mobilisation sont supérieurs à ceux de tous les établissements analogues, et cela par la raison qu'elle opère sur des masses de fonds plus considérables. Ils seront en outre moins onéreux, parce qu'ils seront plus modiques, mais leur modicité même sera la source qui les grossira. Le peuple dit que les petits ruisseaux font les grandes rivières.

DE LA PRÉVOYANCE.

La prévoyance est l'expérience du passé, appliquée à l'avenir par un calcul de probabilités. Les premiers établissements que ce calcul ait fait éclore, ce sont les compagnies d'assurances maritimes. Les observateurs avaient remarqué depuis long-temps que, sur un nombre donné de navires cinglant sur toutes les mers, quelques-uns seulement périssaient par des naufrages; alors ils se dirent : Si nous exigeons une prime un peu supérieure au nombre des sinistres qui ont lieu, la différence en plus serait notre profit, et les chances favorables paieraient celles qui ne le seraient pas. Là-dessus des polices se dressèrent; des assurés consentirent la prime, qu'ils payèrent toutes les fois que le voyage de leurs navires fut heureux, et les assureurs réparèrent le dommage toutes les fois que la force majeure l'emporta sur les pénibles efforts des marins.

Telle fut, dans le commencement, la police d'assurance. Plus tard elle s'étendit à la baraterie, heureusement fort rare, et aux risques de guerre, malheureusement trop communs encore. C'est à ce point qu'elle est parvenue aujourd'hui. La science des assurances consiste à égaliser les risques qu'ils prennent, et à répartir les assurances sur le plus grand nombre possible de navires, afin de neutraliser les pertes et d'assurer les bénéfices.

Les compagnies d'assurance contre l'incendie doivent aussi naissance au calcul des probabilités; leur mécanisme, leurs moyens et leur but sont identiques aux compagnies d'assurances maritimes. Toujours il s'agit de répartir sa prévoyance sur le plus grand nombre d'assurés possible, afin d'avoir en profit un certain nombre de primes inabsorbées par les sinistres. Cette circonstance a même donné lieu à une modification avantageuse : les assurés se sont réunis et ont dit : Pourquoi ne nous assurerions-nous pas mutuellement? Nous gagnerions la différence qui enrichit les compagnies, qui ne sont, au fait, que nos agents réciproques. Et là-dessus les compagnies d'assurance mutuelle se formèrent, et la première pierre du nouvel édifice social fut posée. Après les compagnies contre l'incendie, vinrent les compagnies d'assurances sur la vie des hommes. C'était un pas hardi qui demandait des connaissances profondes. Les tables de mortalité fournirent ces connaissances, et le pas fut fait. Grâce à ce genre d'établissement, on peut, au moyen d'un certain nombre de primes, assurer un capital considérable à ses descendants, et changer pour eux en abondance la pénurie dans laquelle on a vécu.

L'esprit humain était lancé ; la science des probabilités n'était plus un mystère pour lui. Il prit son flambeau et se mit à explorer toutes celles de nos prévisions susceptibles de différentes issues, et les assura toutes. De là naquirent les assurances contre les intempéries de l'air, contre la grêle, contre la perte des procès et une foule d'autres qu'il serait trop long d'énumérer ; de là naquirent aussi les établissements philanthropiques qui méritent une mention honorable, les tontines dont je vais m'occuper.

Parmi les établissements philanthropiques ayant pour but l'accumulation des épargnes aux intérêts composés en faveur d'une ou plusieurs têtes, il faut remarquer ceux qui font concourir la mort des assurés à l'accroissement du capital des survivants. C'est un commencement de tontine. Ces établissements méritent le plus grand éloge, non seulement pour le bien qu'ils font, mais encore pour le désintéressement qui les distingue. Il est vivement à désirer qu'ils se multiplient : en assurant les hommes les uns par les autres, on les fait concourir à leur bien-être commun ; on détruit en effet les sinistres que quelques-uns éprouvent par les succès que les autres obtiennent, et la différence est un profit général.

Toutefois nous ne dissimulerons pas que les caisses de prévoyance, fondées dans des vues trop étroites, sont inhabiles à produire un bien de quelque intensité. Ce bien ne peut être que l'œuvre d'une tontine universelle de tous les habitants d'un même pays. Elle doit être créée par une loi inflexible, à laquelle nul ne puisse se soustraire, et cette loi doit contenir les dispositions les plus détaillées et les plus bienveillantes ; car elle doit être une loi de bonté. Par elle, le riche doit *tontiner* le pauvre et établir entre eux des liens de protection et de reconnaissance. Cette loi doit déterminer, en outre, le maximum du capital qui doit revenir aux survivants, et en déverser l'excédant sur la tête des enfants les plus pauvres, en déterminant les conditions de probité et de vertu, quand les parents leur ont donné le jour. Lorsque la loi fera de ces conditions un droit au moyen des distances, tous les citoyens voudront s'y conformer, et toutes les vertus sociales seront un patrimoine commun à tous. Ne repoussez pas ces idées, ô vous, pessimistes désolants, qui ne rêvez que cachots et supplices ! Ces moyens affreux ont fait leur temps. Ce qui vous le prouve, c'est que la société, se jugeant elle-même, aime mieux subir les inconvénients d'*innocenter* le crime, que de le soumettre à l'énormité de vos effroyables châtiments. Cette leçon, le jury vous la donne à chacune de ses sessions. Une autre leçon non moins énergique s'inscrit journellement dans les actes de société que les citoyens passent entre eux. Tous ces actes contiennent une clause répudiatrice de vos tribunaux. Les mœurs civiques les repoussent comme trop durs, non à cause du caractère personnel des juges, mais à cause de la loi qu'ils sont obligés d'appliquer. Cette loi n'est plus en harmonie avec elles; et, bon gré mal gré, le jour viendra où il faudra l'abolir. Ce sera un des principaux bienfaits de l'esprit des tontines.

Après ces établissements, vraiment philanthropiques, viennent les caisses d'épargne, si philanthropiquement régies par d'honorables citoyens. Ces caisses, où le travail vient déposer son petit pécule, ont une immense portée moralisante : elles apprennent aux plus grossiers des hommes, comme aux plus raffinés d'entre eux, que l'homme ne vaut qu'autant qu'il a, et qu'il ne peut avoir qu'autant qu'il est laborieux et sobre. C'est aux caisses d'épargne que l'homme apprend la tempérance et l'urbanité. Cet enseignement lui est communiqué sans violence et sans préjudice, comme sans bruit. Une caisse d'épargne est une école de tempérance, qui n'impose aucune privation, et qui fait le bien sans éclat.

Les divers établissements qui font le sujet de ce chapitre ne peuvent avoir de durée qu'autant que le corps politique auquel ils appartiennent leur offre une sécurité à toute épreuve. C'est en effet sur le corps politique que sont placés les capitaux qu'on leur confie, et c'est de lui qu'ils en reçoivent les intérêts. Aussi l'existence de ces établissements est-elle intimement liée à celle du gouvernement du pays. Les craintes de l'un deviennent les craintes de l'autre. Les convulsions que l'un éprouve jettent l'autre dans des convulsions semblables. Enfin un bouleversement les entraîne dans une commune ruine. Les citoyens qui savent tout cela concourent autant qu'ils peuvent à la stabilité générale; et si tous y étaient également intéressés, la stabilité n'aurait aucun danger sérieux à redouter. Mais tous les citoyens sont loin d'avoir cet intérêt identique. L'immense majorité d'entre eux en a un diamétralement opposé. Or cette opposition formidable fonde un état de guerre au sein de la société, qui imprègne sa vie d'inquiétudes et d'alarmes. Ajoutez à cela l'état permanent de guerre où sont les nations entre elles, et vous concevrez facilement la lenteur des progrès de l'esprit de prévoyance et tout ce qu'il lui faut de force et de courage pour persévérer. Ses luttes seraient bien moins pénibles, ses succès bien plus assurés si, au lieu de placer ses fonds sur une valeur précaire, elle pouvait opérer le placement sur un fonds à l'abri de toutes commotions politiques ou commerciales, sur le sol enfin. Mais ce placement, comment le réaliser? qui en garantira la rente? Ce problème est résolu par la Banque de mobilisation et de garantie des créances hypothécaires. Elle est fondée dans le but spécial de mettre le sol en circulation, et de l'offrir comme gage des fonds qu'on lui confiera. Ces fonds iront vivifier l'agriculture, les arts et les sciences; les intérêts qu'ils produiront seront répartis à ceux qui les auront originairement fournis, ou à ceux qui seront devenus détenteurs des titres fonciers circulants. Plus le nombre de ceux-ci sera grand, plus la mobilisation sera complète; plus aussi sera complète l'identité des intérêts. Or, comme la stabilité du pays est toujours inhérente à celle de ses habitants, l'intérêt de ceux-ci mettra celui-là à l'abri de toutes commotions. Alors la prévoyance pourra couvrir de ses ailes protectrices tous les établissements consacrés à son culte; le bien-être qu'ils répandront, s'étendant de proche en proche, franchira les frontières pour envahir nos voisins, qui, cette fois, ne prendront pas les armes. Bien loin de là, ils l'accueilleront; et, comme nous, ils dresse-

ront des autels à la divinité qui l'aura produit. Nos établissements , nos intérêts et notre stabilité seront les leurs,
et l'harmonie qui en résultera établira la paix perpétuelle
bien mieux que les projets d'Henri IV et du bienveillant
Bernardin. Nous appelons donc toute la sollicitude du
gouvernement sur la Banque de mobilisation et de garantie des créances hypothécaires, de même que nous
engageons tous les citoyens à lui accorder leur appui le
plus dévoué.

DE L'ASSOCIATION.

On entend par association cet acte par lequel on fait concourir deux ou plusieurs intelligences, deux ou plusieurs forces, et deux ou plusieurs capitaux à la production d'un même effet. Les parties associées partagent entre elles les avantages de l'association dans des proportions déterminées et proportionnelles aux pertes qu'elles peuvent encourir.

La loi commerciale reconnaît trois sortes d'associations. La première est celle qu'elle appelle *Société en nom collectif,* par laquelle deux ou trois personnes au plus, dont les noms figurent dans la signature sociale, se réunissent à certaines conditions d'intelligence, de force et de capital, pour exploiter une industrie déterminée, ou une maison de commerce et d'échange.

La seconde espèce de société est celle que la loi désigne sous le nom de *Commandite.* Cette sorte de société se compose des associés en nom, indéfiniment responsables devant la loi, et d'associés commanditaires dont la responsabilité est limitée par la mise de fonds. Elle s'applique à de plus grandes entreprises que la première, et obtient de plus grands résultats. Si elle était bien entendue, s'il était permis aux actionnaires de former un conseil de surveillance actif, sans être tenus à aucune responsabilité, elle

offrirait les garanties désirables; mais les commanditaires, ne pouvant faire aucun acte de gestion sans être
enveloppés dans la responsabilité des associés en nom,
rendent ce genre de société moins attrayant que le troi-
sième mode dont nous allons parler.

Ce mode, c'est la *Société anonyme*, dans laquelle les
associés s'assemblent, délibèrent et se régissent en commun, sans être tenus à aucune responsabilité adminis-
trative, et sans être obligés au-delà du capital qu'ils ont
versé.

Ces trois modes de société n'associent, comme l'on
voit, qu'un certain nombre de personnes au détriment
de toutes les autres. Je dis au détriment, parce que tous
ceux qui ne sont pas associés sont plus ou moins direc-
tement exploités. Qu'une société, de quelque nature que
ce soit, se forme; il lui faut, pour commencer ses opérations, des gens salariés dont le travail lui profite en
raison inverse de ce qu'elle le paie; il lui faut également
une matière sur laquelle le travail s'applique, et cette
matière lui produit en raison inverse de ce qu'elle lui
coûte. Les profits généraux de toute société sont donc
proportionnels au bon marché de la main-d'œuvre et de la
matière brute; donc les intérêts généraux de cette même
société sont d'obtenir le travail et la matière brute au
rabais. Peu lui importe que les machines humaines
qu'elle emploie prospèrent. C'est une vaste pompe aspi-
rante, légalement autorisée à mettre à sec les masses
productrices, pour en déverser les sucs sur tous les oisifs
sociaux : c'est un grand mal. La véritable association ne
procède point ainsi : elle réunit toutes les intelligences,
toutes les forces et tous les capitaux; elle les fait concourir tous ensemble pour obtenir le plus grand résultat
possible, et pour en distribuer les avantages à chacun,

sous le triple rapport d'être intelligent, de force productrice et de capital cumulé. Cette association est un vaste fleuve qui porte sa fécondité dans toutes les branches sociales; mais nous en sommes encore loin.

Toutefois il en existe des exemples. Il y a dans la province de Macédoine un district qui porte le nom d'Embellakia, dont tous les habitants forment une association compacte, qui distribue ses bénéfices à chacun de ses membres, selon qu'il a concouru à les produire. Les objets de ses manufactures sont distribués dans tout le Levant par des négociants associés : les produits bruts du Levant sont manufacturés, dans les divers villages de l'association, par des ouvriers associés : les terres sont cultivées par des laboureurs associés : l'instruction est donnée au peuple par des instituteurs associés : la chose publique est régie par des administrateurs associés : la justice est rendue par des juges associés. Pour opérer la répartition des bénéfices, chaque groupe nomme son représentant; et la répartition générale étant faite, chaque groupe fait sa répartition particulière. De cette manière, chaque membre de la société a obtenu l'équivalent du travail qu'il a fait, du capital qu'il a souscrit, et de l'intelligence qu'il a déployée. Dans ce district d'Embellakia, il n'y a point de pauvres, parce qu'il n'y a pas non plus de fortunes colossales. Tout enfant, en venant au monde, a la certitude d'y vivre en appliquant sa personne au travail selon ses aptitudes naturelles; aucun vieillard n'y meurt d'inanition. Le fonds commun que son travail a concouru à former est le trésor où il puise jusqu'à ce que la mort ferme sa paupière; sa bouche n'exhale point d'imprécations avec ses derniers soupirs; il meurt en bénissant la bonté de Dieu. Et ce district si heureux, où est-il situé? de quel empire fait-il partie? Il fait partie de l'empire

Ottoman, de cet empire hideux du sabre ; il est situé sur les rives du Bosphore, qui roule, emprisonnés dans des sacs de peau, les cadavres des victimes du despotisme. O vous, qui vous vantez de nous faire cent lois par session, c'est-à-dire d'ajouter cent chaînons à la chaîne que nous portons, et qui criminalisez la société en infligeant une pénalité aux actions les plus indifférentes et quelquefois très-utiles, étudiez Embellakia, et rougissez!

Si l'association Embellakienne était appliquée à la France pendant l'espace de cinquante années seulement, toutes ses masures seraient transformées en palais, toutes ses friches en jardins, toutes ses villes en paradis, toutes ses haines en harmonie, et toutes ses misères en félicité. Jugez-en. Il est généralement reconnu qu'une génération parvient à l'âge commun de trente-deux à trente-trois années. Chaque individu, à cet âge, représente une somme de plus de dix mille jours, ou, ce qui revient au même, de plus de dix mille francs ; car il a dépensé au moins un franc par jour. Trente-trois millions d'hommes, valant chacun dix mille francs, donnent une somme totale de trois cent trente milliards, laquelle donne à son tour une rente annuelle de quinze milliards, représentent la masse des dépenses destinées à solder la consommation générale, ce qui équivaut à dire que le sol et l'industrie ont produit une masse d'objets consommables d'une valeur de quinze milliards, et qu'ils représentent eux-mêmes un capital de trois cents milliards, ce qui porterait à six cents milliards le capital général de la France. Or, dans son état de splendeur actuelle, le capital matériel français ne s'élève pas au tiers de la somme que nous avons indiquée. Son capital personnel ne s'élève pas à davantage ; et cependant on chante les prodiges de sa civilisation, les miracles de son indus-

trie et la félicité de ses habitants. Malheureusement
pour la réalité de ce tableau, il existe des cours d'as-
sises, des maisons de détention, des bagnes, des hôpi-
taux et une morgue.

Il est temps enfin d'ouvrir les yeux et de sortir de cet
optimisme encroûté et aveugle qui nous domine, et qui
nous fait croire que tout est pour le mieux dans le meilleur des mondes possibles. Non, tout n'est pas pour
le mieux ; car le genre humain a commencé par l'anthropophagie, et il n'est parvenu à l'époque du garantisme
actuel qu'en passant par l'esclavage et l'exploitation.
Cette exploitation, de laquelle il se dégage à peine, l'en-
veloppe encore et le poursuit tout entier. Le génie du
mal ne peut se dessaisir de lui ; mais le temps agit, et
la parole divine s'accomplit.

Déjà des classes tout entières s'associent pour subvenir
à leurs besoins dans des cas donnés ; déjà des institutions
philanthropiques cumulent les épargnes des temps pros-
pères en faveur des temps malheureux. Ce qui manque à
cette prévoyance qui commence à se faire jour, c'est une
valeur sans risque pour recevoir ses placements. Cette
valeur, la Banque de mobilisation et de garantie des
créances hypothécaires la lui offre dans le titre foncier,
productif d'intérêt, créé en représentation du sol et émis
en vertu du contrat hypothécaire. C'est un premier pas
de fait vers un meilleur avenir et une assise de plus posée
au système de garantie générale. Lorsque le titre foncier
aura un cours régulier, chacun pourra l'échanger contre
ses épargnes et devenir son propre économe. L'industrie
qu'il exercera versera sur le sol une partie de ses produits, qui les lui rendra en rente, et l'association du travail et du sol aura commencé. Il est évident que cette association intime appellera à elle l'application de toutes

les inventions, et, par conséquent, la collaboration de l'intelligence : alors les trois éléments de la production seront associés ; une ère de progrès incommensurable sera ouverte, et nous aurons la gloire d'avoir contribué à la fonder.

Avantages

DE LA BANQUE DE MOBILISATION

ET DE GARANTIE DES CRÉANCES HYPOTHÉCAIRES.

Nous venons d'exposer le plus succinctement possible les principes qui doivent régir le capital et le crédit : nous avons indiqué rapidement les causes des perturbations que l'un et l'autre éprouvent, et nous avons dit que le moyen le plus absolu de neutraliser ces causes consistait dans l'association des intelligences, des forces productives et des capitaux cumulés : nous avons donné un précis historique de l'Industrie, des Banques et de la Prévoyance : nous avons ajouté qu'une banque de mobilisation du sol pouvait seule mettre en communion d'intérêts les divers capitaux entre eux, le travail et l'intelligence. Cette banque est fondée. Il nous reste maintenant à décrire les avantages qu'elle doit procurer aux prêteurs, aux emprunteurs et aux actionnaires. C'est le sujet de ce qui suit.

Les avantages que la Banque offre sont :

1° *D'assurer aux prêteurs le placement de leurs fonds et leur remboursement aux époques déterminées, sans frais.*

A cet égard, on nous dit que MM. les notaires, que nous tendons à remplacer, offrent plus de garantie que nous comme agents ministériels et comme spécialité. Nous répondons que les notaires pris en masse valent mieux, comme corps spécial, que la Banque de mobilisation; mais que la Banque à son tour, comme établissement général de placement, vaut mieux que chaque no-

taire pris individuellement. Le titre d'agent ministériel,
que chaque notaire porte, ne l'empêche pas de faillir
quelquefois à ses clients. Chaque notaire d'ailleurs est
borné par la concurrence de son confrère, qui lui dispute
une partie de sa clientèle ; d'où il résulte que chacun d'eux
ne peut opérer que sur un cercle circonscrit d'intérêts.
La Banque, au contraire, peut opérer sur tous les intérêts de la France ; on peut arriver à elle, sans se faire
annoncer, de nuit et de jour ; elle accueille toutes les demandes qu'elle croit fondées et peut les satisfaire, soit en
espèces, soit en ses titres circulants. Il y a plus : ces titres
circulants peuvent être émis à un taux d'intérêt bien
inférieur au taux légal. Il suffit, pour que cette émission
ait lieu, que l'emprunteur ait le placement des effets.
Ces avantages, le notaire ne peut les offrir ; il en est
légalement empêché. Le notariat ne peut pas non plus
garantir le remboursement du capital à l'échéance du contrat. Sous ce rapport, comme sous le précédent, la Banque est donc un établissement supérieur aux notaires.

Mais, nous dira-t-on, c'es; justement à cause des avantages que la Banque offre, que le notariat lui sera contraire. Cela est possible dans le commencement ; mais par
la suite, le temps, ce grand maître des institutions humaines, usera les aspérités notariales et déterminera un
concours nécessaire entre la Banque et ces agents ministériels. Ceux-ci verront facilement qu'en appelant les capitaux vers les transactions hypothécaires, elle augmentera
le nombre des actes qu'ils seront appelés à passer. Avec
ces actes s'accroîtront les profits notariaux, ce qui lui
rendra les notaires favorables.

Les titres fonciers circulants, que la Banque pourra
émettre sans leur concours, pénétreront d'ailleurs malgré eux dans leurs caisses, pour y remplacer les espèces

qu'elles renferment, et on hésitera d'autant moins à leur en faciliter l'entrée, que les espèces n'y produiront rien, et que les titres fonciers circulants les rempliront de leurs profits. Ces raisons seront toujours déterminantes, et les sentiments hostiles, de quelque corps qu'ils émanent, ne leur résisteront pas.

2° *De leur garantir le service semestriel des intérêts, également sans frais.*

Dans l'état actuel des choses, le service des intérêts hypothécaires est infiniment précaire et inexact. Mille circonstances fortuites, toutes indépendantes de la volonté de l'emprunteur, le dérangent. La Banque, en garantissant ce service, répand un bienfait immense; elle assure les existences qui vivent de rentes hypothécaires et leur permet de faire paisiblement leurs dépenses journalières. Elle sera peu affectée des retards que les emprunteurs pourront apporter à s'acquitter envers elle, par la raison qu'elle exige que les intérêts lui soient payés de trois en trois mois d'avance, et qu'elle ne les paie que de six en six mois échus. Cette disposition de ses statuts n'a point été dictée par un esprit de lucre, mais par un esprit de prévoyance. Quand on fonde un établissement providentiel, on doit l'entourer de tous les moyens qui peuvent lui faire atteindre son but.

3° *De leur fournir les moyens de rentrer dans leurs fonds, soit en totalité, soit en partie, à toutes les époques qui leur paraîtront convenables, encore sans frais.*

Les titres fonciers circulants, productifs d'intérêts, dont les prêteurs seront détenteurs, rempliront merveilleusement cette condition. Comme les billets de banque, ils seront transmissibles par la simple tradition manuelle; l'intérêt dont ils seront dotés, et la garantie territoriale qui les couvrira, leur donneront un attrait irrésistible : tous les capitaux oisifs les rechercheront, et le prêteur pourra, en tout temps, les échanger contre ces capitaux. Dans l'état actuel du prêt hypothécaire, le contrat ne peut sortir des mains du prêteur qu'après des formalités longues et dispendieuses, et sans entacher sa réputation d'aisance. On ne se défait d'un contrat hypothécaire qu'à la dernière extrémité. Cette vérité, connue de tout le monde, rend la défaite difficile, onéreuse et pénible. La Banque de mobilisation transforme ces inconvénients en avantages, et cette transformation, elle l'opère sans frais, sans perte de temps et sans le plus léger sacrifice d'amour-propre.

4° De ne pouvoir pas même être atteints par la faillite de la Banque, puisque, dans cette circonstance extrême, le porteur de titres circulants serait substitué aux droits de la Banque dans le contrat hypothécaire dont le titre circulant est la représentation, et aurait toujours pour gage l'immeuble, d'une valeur double à celle du titre dont il serait porteur.

Le sol est doué d'une puissance inébranlable et réparatrice qui brise toutes les commotions politiques, toutes les crises financières, et qui répare les désastres que causent les unes et les autres : un envahissement même de territoire ne peut ébranler les valeurs qui le représentent. Un million de Français envahirent la Prusse et la Pologne ; les valeurs publiques et industrielles disparurent devant eux ; le sol leur partagea ses subsistances, et les valeurs qui le représentaient restèrent impassibles et continuèrent de produire leurs fruits. Le seul dommage que cette invasion formidable leur fit éprouver, ce fut une perte de temps. Les mêmes événements se sont représentés plus tard en France : des hordes innombrables de Kalmouks et de Russes réduisirent au néant toutes les valeurs

françaises, le sol seul résista; et les créances hypothécaires, loin de perdre de leur valeur, gagnèrent au contraire beaucoup. Le prêt immobilier monta de treize
cents millions à deux milliards. La Banque, qui se consacre
à la mobilisation du sol, doit être infaillible comme lui :
toutefois, si sa banqueroute était possible, ses titres circulants ne failliraient pas : les porteurs substitués par elle
aux droits de ses contrats auraient toujours l'infaillibilité
immobilière pour gage; dans ce cas seulement, un inter-
médiaire disparaîtrait.

Quelle objection sérieuse peut-il donc s'élever contre
cet établissement ? Évidemment aucune. Cependant on
préjuge son avenir, on lui prédit des désastres, et on lui
cite en exemple les désastres des établissements analogues qui l'ont précédé. Mais depuis quand un désastre
opéré n'est-il plus une leçon pour des temps postérieurs ?
A-t-on vu jamais un navigateur habile aller briser son
navire sur des côtes éclairées par des naufrages anté-
rieurs ? Serions-nous donc seuls incapables de profiter
des leçons de l'expérience, et notre aveuglement est-il
tel que nous copiions les réglements des établissements
malheureux qui nous ont devancés?

A cet égard nous devons déclarer que nous ne connais-
sons que par le nom qu'elles ont laissé, la caisse Territoriale, la caisse Lafarge et la caisse Lambert. Nous igno-
rons complètement sur quelles bases elles étaient fondées;
mais ce que nous savons d'une manière certaine, c'est
qu'elles ne mobilisaient pas le sol, et qu'elles n'associaient
point à sa stabilité la stabilité publique et le bien-être
privé. Ce que la tradition nous en a dit nous prouve au
contraire que ces établissements, fruits des lumières bor-
nées du temps, fondés sur des intérêts étroits, sans bases
solides, ont été emportés par les moindres commotions.

Or, ce n'est pas sur de pareils errements qu'est fondée la Banque de mobilisation. Ses intérêts sont ceux de tous ; sa base est le sol de la France : qui peut la renverser ?

Les avantages qu'elle présente aux emprunteurs sont :

1° *Des placements aux moindres frais et aux moindres intérêts possibles.*

Aujourd'hui un prêt hypothécaire ne se conclut qu'à un taux d'intérêts et avec des frais qui portent à huit et et demi pour cent par an les intérêts auxquels on le soumet. Cette vérité résulte d'une enquête religieusement faite par ordre du gouvernement. La Banque de mobilisation n'élèvera pas les charges qu'elle imposera à plus de six et une fraction par an : encore ce sacrifice, ne l'exigera-t-elle qu'à son début. Aussitôt que les capitaux afflueront vers elle, aussitôt que ses titres circulants auront obtenu de la confiance publique une facile circulation, elle prêtera à un intérêt moindre, et allégera ainsi progressivement le fardeau qu'elle est obligée d'imposer. Ce prêt, elle le fera, dans toutes les circonstances, aux plus longs termes possibles. Les fondateurs savent, par expérience, que ce qu'il y a de plus fâcheux pour un emprunteur, c'est d'être obligé de rembourser à une époque déterminée : ils savent aussi que l'impossibilité de ce remboursement à époque fixe est ce qui amène le plus souvent l'expropriation aux criées des tribunaux. En donnant du temps à ses emprunteurs, la Banque leur fournit les moyens de se libérer dans des circonstances favorables ; ils peuvent profiter de tous les hasards heureux que la fortune jettera sur leurs pas : dès-lors elle n'a pas à craindre d'être réduite à l'extrémité d'exproprier.

2° *La faculté de se libérer aux époques qu'ils croiront les plus opportunes.*

Ce droit, que la Banque de mobilisation accorde, les emprunteurs peuvent l'exercer indépendamment des stipulations contraires et en tout temps. Elle a dû accorder ce droit, parce qu'elle prête à long terme. Si elle l'eût refusé, l'avenir d'une propriété se serait trouvé enchaîné au présent, et, par suite, elle aurait tari une source de progrès.

3° *Le droit de ne pouvoir être contraints au remboursement, même à l'échéance, si à cette époque ils consentent une prorogation d'inscription.*

L'intérêt de la Banque est d'exister sans froisser aucun intérêt concomitant; tant que ceux-ci trouveront un avantage à l'action de celle-là, elle doit se trouver heureuse de le satisfaire. Son bonheur, sous ce rapport, sera d'autant plus grand, qu'en accordant une prorogation, elle évitera toujours l'expropriation désastreuse. Ses fondateurs savent combien il est odieux d'arracher des familles entières à l'héritage de leurs pères. Ils veulent respecter les illustrations des familles et les glorieux souvenirs qui sont leur patrimoine, en les conservant à leur antique manoir. Ils savent apprécier les bienfaits et les inconvénients de la législation qui régit les successions. Ils voient avec peine disparaître de la surface de la terre les noms qui servaient de stimulant aux actions qu'ils rappellent. En effaçant le passé, on détruit le maître le plus instructif de l'avenir.

Ici, on nous demande comment les prêteurs pourront rentrer dans leurs fonds, si les emprunteurs peuvent ne jamais les rendre. Nous répondons que le fonds commun sera toujours prêt pour faire le remboursement

que les emprunteurs ne feront pas. Ce qui se passe à
l'égard des fonds publics aura lieu à leur égard. Cet
exemple est d'autant plus rassurant, que les porteurs offri-
ront aux preneurs un titre ayant un gage d'une valeur
double de la sienne, produisant des intérêts régulièrement
servis, et des voies légales de coërcition pour l'accom-
plissement des conditions auxquelles il est émis.

*4° De n'avoir jamais affaire qu'à un seul prêteur,
quelle que soit la somme qu'ils empruntent, et de pouvoir
donner ainsi un rang uniforme et primordial à l'inscription.*

Tout prêt hypothécaire d'une certaine importance est
presque impossible, par la raison qu'il est presque impossible de trouver dans une seule main un capital suffi-
sant pour l'opérer. La Banque de mobilisation, pouvant
réunir les fonds de mille prêteurs divers en un prêt unique, fait radicalement disparaître cette impossibilité. Elle
se pose donc encore, sous ce nouveau rapport, comme
une cause de conservation des héritages et de stabilité
des familles. Le pays l'en remerciera.

*5° D'emprunter sans répugnance fondée, non seulement
pour couvrir des besoins présents, mais encore pour se procurer les moyens de faire face à des besoins à venir, et de
jouir éventuellement des bénéfices résultant des opérations
auxquelles ils pourraient s'associer.*

C'est ici un des principaux avantages de la Banque de
mobilisation. Arracher le prêt hypothécaire à l'usure qui
le maîtrise, c'est détruire les préjugés qui lui sont contraires. Fomenter le prêt hypothécaire, c'est fomenter la
mobilisation du sol et suppléer par elle à l'insuffisance du
capital circulant. Accroître le capital circulant, c'est four-

nir de nouveaux leviers à l'industrie humaine, et accélérer
proportionnellement l'association de tous les intérêts et de
tous les bonheurs. Il faut cesser de se faire illusion à cet
égard. L'individualisme égoïste nous prouve, par ses six
mille années d'histoire, son inhabileté radicale ; les hommes ne peuvent désormais attendre leur bien-être que de
leur association commune et complète, sous le triple rapport d'êtres intelligents , de force productrice et de capitaux cumulés. Ce trialogue, qui doit devenir leur loi, n'at-
tend qu'un dieu pour le proclamer. Ce dieu apparaîtra.

6° *De les soustraire presque à jamais à l'expropriation
forcée, et pour toujours à l'énormité des frais judiciaires qui
résultent de la liquidation d'une créance hypothécaire.*

L'énormité des frais d'expropriation est une conséquence de l'énormité des difficultés qui la dominent. Détruire les causes d'expropriation, c'est la soustraire aux
difficultés qu'elle entraîne et aux frais qu'elle nécessite.
c'est évident.

7° *De pouvoir éteindre leur dette au moyen d'un faible
versement annuel, et recevoir même un capital équivalent ,
à l'échéance du contrat, si la somme déposée équivaut à
deux pour cent du capital, et si le contrat est passé pour
quarante ans.*

La puissance des intérêts cumulés n'est plus un mystère
pour personne ; elle agit en raison composée des sommes
que l'on verse et du temps que durent les versements.
C'est cette puissance bienfaisante que la Banque de mobilisation veut appliquer à l'extinction des dettes que l'on contracte envers elle. Elle recevra toutes sommes qui égale-
ront un pour cent du capital emprunté, et leur appliquera
la puissance des intérêts composés à dater du jour du versement : ce jour, elle ne le détermine point; l'emprunteur le

fixera au gré de ses désirs et de ses convenances ; il pourra même donner une autre destination aux sommes affectées originairement à l'extinction de sa dette. Sa liberté à cet égard est tout à fait entière ; c'est à lui d'en user comme il lui conviendra.

Tels sont les principaux avantages que la Banque de mobilisation présente : on craint qu'elle ne puisse pas les réaliser, tant ils paraissent considérables. On s'inquiète sur le personnel de son administration , sur ses lumières et sur ses moyens d'exécution ; on redoute pour elle l'hostilité de la Banque, celle du notariat et celle des fripons.

Le personnel de l'administration ne peut se recommander lui-même, parce qu'il n'est permis à personne de faire son éloge. Ceux qui auront la bonté de lire cet opuscule et de méditer ses statuts pourront rendre témoignage des lumières que ce personnel possède, et des moyens d'exécution qu'il a mis en son pouvoir. Quant à l'hostilité de la Banque, on ne provoque point l'hostilité des banquiers quand on crée une immense valeur escomptable ; on n'est point hostile au notariat quand on appelle son concours à la mobilisation, par contrat, d'une grande partie du sol. Pour les fripons, nous avons l'espérance d'en voir diminuer le nombre, non seulement parce que la justice veille sur eux, mais parce que nous détruisons une partie des causes qui les forcent à le devenir.

A côté des avantages que nous venons d'énumérer en faveur des prêteurs et des emprunteurs qui auront recours à la Banque de mobilisation, se trouvent naturellement placés les avantages qu'elle offre à ses actionnaires. L'acte de société leur réserve 66 pour cent dans les bénéfices, et ces bénéfices seront d'autant plus considérables , que leur concours dévoué sera plus grand. Nous disons leur concours , parce que les actionnaires d'un éta-

5

blissement quelconque ont pour mission spéciale de déverser sur lui toute l'influence dont ils jouissent. L'influence des actionnaires doit appeler la confiance publique ; la confiance publique doit faire naître les affaires et les profits qui leur sont inhérents, et les profits doivent rémunérer le travail qui les fait et l'intelligence qui y préside. Si la Banque parvenait à mobiliser la moitié de ce qui existe de dettes hypothécaires, cette rémunération s'élèverait à plusieurs fois le capital des actionnaires, et donnerait à leurs actions un prix proportionné à leurs dividendes. Ce bel avenir, ils peuvent se l'assurer sans agiotage, sans jeu et sans l'emploi d'aucun moyen illicite. Nous sommes à une époque d'honneur, la fortune ne veut plus marcher que sous l'égide de la probité ; c'est à elle que nous faisons appel.

Le mécanisme de la mobilisation territoriale est soigneusement établi par l'acte de société : les précautions les plus minutieuses ont été prises pour rendre ce mécanisme effectif. La Banque est constituée en société en commandite par actions, et, quoique cette forme paraisse avoir moins d'attrait que la société anonyme, les fondateurs ont dû la préférer, parce qu'ils ont voulu offrir leur garantie personnelle aux commanditaires, et se rendre passibles de la rigueur des lois dans le cas où ils viendraient à faillir à leur devoir. Cependant il a été établi que la société en commandite pourrait être transformée en société anonyme, si tel était le bon plaisir des actionnaires réunis en assemblée générale. En attendant, et pour ne pas exposer la société à succomber sous l'impéritie des associés en nom, il a été dit que le conseil de surveillance pourrait suspendre celui ou ceux d'entre eux qui seraient reconnus incapables. Cette disposition conservatrice porte sur la société qu'ils ont fondée tous les avantages de la société anonyme, et la rend préférable, puisqu'elle en écarte les inconvénients. Le public jugera.

La Banque est établie rue de la Chaussée-d'Antin, 12. La souscription à ses actions est ouverte à son domicile et chez MM. :

THOMAS, NOTAIRE, rue Neuve-Saint-Augustin, n° 25 ;

BRUN, AGENT DE CHANGE, rue Louis-le-Grand, 23 ;

LAURENT, AGENT DE CHANGE, rue Neuve-Saint-Augustin, 10 ;

PESTY, AGENT DE CHANGE, rue Grange-Batelière, 1.

FIN.

www.ingramcontent.com/pod-product-compliance
Lightning Source LLC
Chambersburg PA
CBHW071257200326
41521CB00009B/1804